Wulfing von Rohr

WAS LEHRTE JESUS WIRKLICH?

Über den Autor

Wulfing von Rohr ist Fernsehjournalist und Sachbuchautor, der sich seit zwanzig Jahren geistigen Themen widmet. Im ZDF hat er u.a. für die Reihen *Terra X* und *Zeugen des Jahrhunderts* gearbeitet. Er war Autor der dreiteiligen Reihe *Weisheit aus dem Osten?* mit Beiträgen über drei östliche Lehrer und der szenischen Dokumentation über einen Salzburger Erzbischof und Primas der deutschen Bischöfe unter dem Titel *Wolf Dietrich von Raitenau – Der Weltmann auf dem Bischofsthron*. Kürzlich lief im ZDF seine Dokumentation *Es steht geschrieben . . . Auf den Spuren einer Weltformel*. Er ist Verfasser einiger Bücher zu geistigen Themen (siehe Auswahl Seite 219) und hat als Ko-Autor zahlreiche Bücher aus dem Bereich Naturheilkunde geschrieben. Er arbeitet zur Zeit an zwei Projekten: *Die 100 wichtigsten Bücher zum bewußten Leben* und *Wege der Seele – Chancen und Gefahren der Esoterik*. Wulfing von Rohr lebt seit 1986 überwiegend in Santa Fe, New Mexico.

WULFING VON ROHR

WAS LEHRTE JESUS WIRKLICH?

Die verborgene Botschaft der Bibel

GOLDMANN VERLAG

Originalausgabe

Umwelthinweis
Alle bedruckten Materialien dieses Taschenbuches
sind chlorfrei und umweltschonend.

Der Goldmann Verlag
ist ein Unternehmen der Verlagsgruppe Bertelsmann

Originalausgabe April 1995
© 1995 Wilhelm Goldmann Verlag, München
Umschlaggestaltung: Design Team München
Belichtung: Compusatz, München
Druck: Graphischer Großbetrieb Pößneck
Verlagsnummer: 12250
kk · Herstellung: Sebastian Strohmaier
Made in Germany
ISBN 3-442-12250-3

1 3 5 7 9 10 8 6 4 2

Inhalt

Teil IV
Ergänzende Quellen

Teil V
Die Christus-Meditation

Anhang
Hinweise auf weitere Quellen

Widmung

Die Betrachtungen in diesem Buch sind der Kraft gewidmet, die wir Gott nennen, und Jesus Christus, dem Träger und Künder dieser Kraft sowie allen Heiligen und Mystikern aller Religionen und Zeiten, welche die Botschaft der Wirklichkeit Gottes und der Existenz der individuellen Seele einer Menschheit gebracht haben, die Gottes Licht, Gottes Liebe und Gottes Frieden immer notwendiger braucht.

Wir alle bedürfen des Segens, der Gnade und der Religio unserer Seele mit der Schöpferkraft, um das Mysterium des Lebens zu erkennen, um den Tod zu überwinden und um in das ewige geistige Leben empfangen zu werden.

Möge dieses Buch helfen, ein Erwachen der Seele zu fördern und die Öffnung für persönliche mystische Erfahrung mit aktiver spiritueller Verantwortung für das Ganze zu verbinden.

Im Anfang war das Wort ... Möge dieses Buch zumindest einige Leser/innen von Herz zu Herz, von Seele zu Seele berühren, um hinter den Wörtern offen zu werden für das ewige *Wort.*

In Dankbarkeit für große Segnungen, geistliche Führung und die vielen Erkenntnisse, Werke und Zeugnisse anderer Seelen, auf denen dieser Beitrag aufbauen darf, und ohne die keine einzige Zeile hätte entstehen können.

WvR

Teil I

Auf den Spuren
einer verborgenen Botschaft

Persönliche Notizen

Zu Weihnachten, an Heiligabend, wurde bei uns zu Hause immer die Weihnachtsgeschichte aus dem Lukas-Evangelium gelesen: »Es begab sich aber zu der Zeit, daß ein Gebot vom Kaiser Augustus ausging, daß alle Welt geschätzet würde ...« Im Mittelpunkt der Weihnachtsgeschichte steht bekanntlich Mariä Geburt Jesu im Stall zwischen Ochs und Esel. Es folgt die Verkündigung des Engels »Euch ist heute der Heiland geboren« und die Anbetung Jesu durch die Hirten. Den Schluß stellt der Lobpreis der himmlischen Heerscharen dar: »Ehre sei Gott in der Höhe und Friede auf Erden und den Menschen ein Wohlgefallen« Lk 2,1-14.

Das war meine erste bewußte Bekanntschaft mit der Bibel, mit Jesus, mit Gott. Dieser weihnachtliche Text bewegte mich schon in vergangenen Kindertagen, und er berührt mich auch heute noch immer wieder sehr tief. Er erzählt eine Geschichte der Verheißung, der Frohbotschaft und der Erfüllung, wie wir sie uns herzanrührender und beseligender kaum vorstellen können. In das Dunkel der Welt, in die Ungewißheit und Ängste des Lebens, in die Finsternis von Not, Krieg und Tod bricht ein Strahl des göttlichen Lichts herein, der das unmittelbare Leid vergessen läßt und der Seele neue Hoffnung schenkt. Die unsichtbare Macht hinter allem Leben, die alles irgendwie durchdringende und doch nicht direkt begreifbare Schöpferkraft, der so fern und am Erdenleben unbeteiligt erscheinende Gott läßt sein Licht durch einen sichtbaren Menschen scheinen, der uns trösten, aufrichten, helfen und sogar zu Gott selbst führen kann. Was für ein Segen, was für eine Gnade!

In der Schule, sowohl in der Volks(»zwerg«)schule in Koldingen wie später am Landschulheim Holzminden, wurden wir mit der Bibel vertrauter gemacht. Es fiel uns zunehmend schwerer, alles in der Bibel wörtlich verstehen zu können. Die Schöpfungsgeschichte mit der Erschaffung der Welt, des Menschen und des Paradieses sowie die Vertreibung des Menschen daraus, die Sintflut, die prophetischen Bücher, die Drangsal eines Hiob, dann die Wunder Jesu, die Auferstehung und nicht zuletzt die Johannes-Offenbarung – vieles klang doch so ganz und gar »unvernünftig«, »unglaubwürdig«, »nur symbolisch gemeint« oder gar »blindgläubig«. Und obwohl immer mehr neue Fragen auftauchten, als wir zunächst an Antworten fanden, bin ich heute noch dankbar für die frühen Begegnungen mit der christlichen Religion und ihrer Bibel. Auch der Trauspruch meiner Großmutter Mechthild »Einer trage des andern Last« aus dem Paulus-Brief an die Galater ist mir lebhaft in Erinnerung. Sie hatte ihn an ihrem Nachtkästlein in der kleinen Einzimmerwohnung in Koldingen dicht neben ihrem Bett, um sich allzeit daran zu erinnern. Und sie hielt daran auch in den tiefsten Bedrückungen ihres Lebens fest. Sie hatte, obwohl sie selbst überzeugte Protestantin war, das benediktinische »ora et labora« – bete und arbeite – in ihrem Leben verwirklicht und übernahm immer viele Lasten ihrer Mitmenschen, obgleich sie selbst viel zu tragen hatte.

Der Spruch »Einer trage des andern Last« findet seine wundervolle Fortsetzung und Vervollkommnung im zweiten, dazugehörigen Halbsatz: ». . . so werdet ihr das Gesetz Christi erfüllen!« Gal 6, 2.

Ich verstehe übrigens Eltern, Lehrer, Ministerialbeamte und Parteipolitiker überhaupt nicht, die es dazu gebracht haben oder immer noch dahin steuern, das Fach Religion nur noch als »Wahl«- statt als Pflichtfach anzubieten oder es durch ein Fach »Ethik« zu ersetzen. Religion ist so viel mehr als Ethik! Gerade weil ich formell keiner Religionsgemeinschaft als »Mitglied« angehöre und ich demnach keine Konfession speziell zu vertreten brauche, bin ich in dieser Frage unvoreingenommen – und doch nicht orientierungslos. Ich meine: Religion – das Wissen um ein Weltbild und ein Menschenbild, in dem nicht der Mensch das Maß aller Dinge ist, nicht Intellekt und Materie, nicht Technik und Kommerz, nicht das naturwissenschaftlich »Machbare« und das ichhaft oder kollektivpsychologisch »Mögliche«, sondern in dem Menschen als ein Teil einer großartigen, durchaus wundersamen und atemberaubenden Schöpfung betrachtet werden, in dem wir Menschen nicht nur Freiheit und Rechte, sondern auch Verantwortung und Pflichten haben – Religion als Wissen und Weisheit vom Leben und Sterben, von Licht und Kraft Gottes und seiner Spiegelung in unserer Seele, Re-ligio als Rückverbindung des einzelnen Bewußtseins mit dem großen Bewußtsein, das jenseits von Raum und Zeit, jenseits von Ratio und Materie steht – das ist eine Religion, die es wert ist, wieder zum allerersten Hauptfach der Schule erhoben zu werden! Humanismus und Ethik ohne ein geistiges Welt- und Menschenbild sind gar nicht möglich. Allerdings darf es nicht in erster Linie um Theologie, Liturgie oder gar Dogmatik gehen. Vielmehr sollte religiöses Erleben persönlich erkundet werden kön- nen. Lehrfach sollte die Betrachtung der geistigen Zusam- menhänge zwischen dem individuellen, aber nicht verein- zelten Bewußtsein sein, die Wahrnehmung der Seele und einer ursprünglichen allumfassenden und alles durchdrin- genden Schöpferkraft, die man ruhig Gott nennen darf. Nicht die Leitlinien einer einzelnen Konfession sollten zen- trales Lernziel sein, statt dessen sollte erkannt und vermit- telt werden, was alle Religionen miteinander verbindet und wie jede Religion auf ihre Weise einen Weg zur letzten Wahrheit sucht. Daß die christlichen Glaubensüberzeugun- gen, die Bibel, selbstverständlich Jesus Christus, aber auch frühere und spätere Heilige und Propheten aus dem weite- ren Religionskreis einen besonderen Schwerpunkt in einem solchen Fach Religion bei uns in Europa bilden würden, ist naheliegend. Wir sollten aber auch wenigstens eine kurze Bekanntschaft gemacht haben mit den anderen Hochreligionen – mit Judentum und Islam, Hinduismus und Buddhismus – und ihren heiligen Büchern, ihren herausragenden Mystikern und Mystikerinnen aus allen Epochen und Kulturen.

Nach diesem Exkurs in die Bildungspolitik – Geist und Gesellschaft gehören untrennbar zusammen – zurück zu meinen ersten Ansätzen, die Bibel zu lesen und zu verstehen und ihre Botschaften womöglich im täglichen Leben zu erfahren und zu erproben.

Lange Zeit bewegte mich als Jugendlicher die Frage, wieso es eigentlich geschehen könne, daß ein Gott, der voller Gnade und Liebe sei, viele seiner eigenen Geschöpfe in einer »ewigen Verdammnis« belassen würde, selbst wenn sie noch nicht einmal die Chance gehabt hätten, ihn oder seinen Gottessohn kennenzulernen – zum Beispiel alle Menschen, die vor Jesu Lebzeiten geboren und gestorben waren, oder alle »Heiden«, die vom Christentum nie etwas gehört hatten. Unser Religionslehrer war so verständnisvoll, im Abiturzeugnis mehr das Interesse an solchen Fragen freundlich zu benoten als eine durchaus mangelhafte übliche Kirchenfrömmigkeit anzukreiden. Später hörte ich bei Professor Helmut Gollwitzer in Berlin einige Vorlesungen über vergleichende Religionswissenschaft, las Karl Barth und Rudolf Bultmann, Karl Rahner und Hans Küng, Martin Buber und andere Religions- und Geistesforscher. Was zunächst eher ein intellektuelles Überdenken und Nachsinnen war, entwickelte sich langsam zu einer echten inneren Frage. Das Vorbild des Franziskus von Assisi, das Werk von Albert Schweitzer, Menschen wie Pater Maximilian Kolbe, Dietrich Bonhoeffer und Pater Rupert Mayer, die aufgrund ihres tiefen Glaubens in bitterster Zeit ihre innere Aufrichtigkeit mit einer äußeren Aufrichtung zu verbinden vermochten – das waren Anstöße dazu, immer wieder neu nachzudenken. Die Bekanntschaft mit der mystischen Literatur aus dem Abendland und aus Asien wurde mir wichtig, vor allem Meister Eckeharts *Vom Wunder der Seele* und Angelus

Silesius' *Cherubinischer Wandersmann* sprachen mich sehr an. Auch Schurés Buch *Die großen Eingeweihten*, K.O. Schmidts Werk *In dir ist das Licht* sowie die Bücher indischer Weiser wie Vivekananda, Ramana Maharshi, Hazur Sawan und Kirpal Singh, von letzterem zum Beispiel *Das Mysterium des Todes* und *Die Krone des Lebens*, brachten mir wichtige Aufschlüsse. Bei der früh hinübergegangenen Münchner Yogalehrerin Anneliese Harf lernte ich, mystische Aspekte des Christentums zu entdecken, die sie auch in vielen Meditationstreffen in einem Kloster am Starnberger See unter christlichen Ordensfrauen weitergab.

Irgendwann im Frühling 1975 war es dann soweit, daß ich mich einige Wochen hindurch regelmäßig täglich einige Minuten bis zu einer viertel Stunde morgens und abends still hinsetzte und nach innen gerichtet fragte, hörte und bat: »Herr, wenn es Dich gibt, möchte ich zu Dir kommen.« In meiner Frage oder Bitte – Gebet möchte ich es angesichts meiner kritischen Einstellung, meiner Zweifel und mangelnder Hingabe nicht nennen – schwang für mich mit, daß ich mir nicht selbst die vielleicht nur gering erscheinende Chance versagen mochte, so etwas wie eine höhere Kraft zu erfahren. Meinem großen und doch so kleinen Ego, dem sich überlegen fühlenden und letztlich derart winzigen Verstand wollte ich nicht erlauben, die aufgrund so vieler vorhandener Zeugnisse über ihn immerhin nicht auszuschließende Möglichkeit, daß es Gott tatsächlich gäbe und ein Mensch ihn erfahren könnte, durch selbstgemachte Hindernisse zu verbauen.

Es besteht bekanntlich ein enger und unauflösbarer Zusammenhang zwischen unserem Bemühen um religiöse Öffnung, spirituelle Entfaltung und geistige Bewußtwerdung einerseits und der Gnade und dem Segen, die wir vielleicht erfahren dürfen oder die unter Umständen überhaupt erst die Vorbedingung dafür darstellen, daß wir beginnen, nach der Seele, nach dem ewigen Leben und nach Gott zu suchen. Wir wissen meist nicht, ob erst die Gnade da war und dann unsere Bemühung einsetzen konnte, oder ob womöglich unsere Bemühung darum, bessere, liebevollere und bewußtere Menschen zu werden und nach Gott zu fragen, die Gnade »herabrief«. Wie dem auch sei, ich durfte in der Folge kleine und kleinste, dabei durchaus eindeutige und klar wahrnehmbare Zeichen und Fortschritte erfahren, die mich nach und nach auf einen Weg der Suche nach der Wahrheit des Lebens führten.

Ich las mit neuen Augen und mit offenem Herzen den großartigen Entwurf der Schöpfung, mit dem das Alte Testament unsere heutige Bibel eröffnet:

> Am Anfang schuf Gott Himmel und Erde. Und die Erde war wüst und leer, und es war finster auf der Tiefe . . . Und Gott sprach: Es werde Licht, und es ward Licht . . . 1 Mos 1,1-3

Es kam mir nicht darauf an, ob dies eine historisch oder naturwissenschaftlich »haltbare« Erklärung war. Gott war für mich längst nicht mehr der »alte gütige Mann mit dem langen weißen Bart« in einem hohen Himmel, sondern offenbarte sich mir als eine schöpferische Kraft, die Leben und Licht hervorbrachte. Die Erklärungsversuche selbst der bedeutendsten Physiker hatten mich allerdings auch nie recht überzeugt, denn sie gingen zumeist davon aus, daß Bewußtsein und Geist etwas Zufälliges, Nebensächliches und »Unwirkliches« seien, während chemische, physikalische und biologische Prozesse und Materieverbindungen »real«, wichtig und von dauerhafter Bedeutung seien. In meinem Buch *Es steht geschrieben . . . Ist unser Leben Schicksal oder Zufall?* bin ich auf dieses Thema näher eingegangen. An dieser Stelle möchte ich deshalb auf eine Darlegung der vermeintlichen materialistischen »Weltformeln« und ihre Widerlegung verzichten. Der verehrte Andreas Resch, Psychologieprofessor an der Lateranuniversität des Vatikans und katholischer Geistlicher, hat diese Widerlegung in meinem ZDF-Film *Es steht geschrieben* überzeugend geführt und wird im Buch zum Film auch ausführlich zitiert.

Mir scheint es offensichtlich zu sein, daß eine Kraft die Schöpfung hervorbrachte, die größer ist als alle auf diese Weise entstandenen anderen Kräfte und Erscheinungsformen zusammen. Daran ändert auch der menschliche Verstand nichts. Was war denn vor dem »Urknall«, woher kam denn die Energie, die zum »Big Bang« führte? Aus dem Nichts? Die Seele sieht und hört, das Herz spürt und weiß, was den begrenzten Sinnen und dem geringen Verstand verborgen ist und immer verborgen bleiben wird. Wir vermögen Wahrheit innerlich zu erkennen, auch wenn wir sie äußerlich nicht disputieren wollen oder »logisch« und »rational« zu beweisen vermögen.

Gott war nach Auskunft der Bibel aber nicht nur die schöpferische Allmacht, die zunächst den Kosmos und dann Licht hervorbrachte, sondern auch eine Kraft, die irgendwie direkt in uns Menschen wohnte, wenn vielleicht auch noch verdeckt und unerkannt, denn es heißt wenige Absätze später in der Schöpfungsgeschichte:

Und Gott schuf den Menschen zu seinem Bilde, zum Bilde Gottes schuf er ihn, und schuf sie als Mann und Frau . . .
1 Mos 1,27

Wie könnte man sich einen größeren Widerspruch vorstellen: dort ein allmächtiger und gnädiger Gott, der ein »Paradies« schafft, in dem alle seine Geschöpfe in Harmonie zusammenleben, hier wir Menschen, die wir voller Unverstand, Zweifel, Unsicherheit, Mißgunst und brutalem Fehlverhalten sind und die wir dabei zu sein scheinen, nicht nur unser eigenes Leben wegzuwerfen, sondern auch noch die ganze Erde zu vergiften? Wo leben wir denn auch nur einen einzigen Funken Göttlichkeit? Ist uns das etwa prinzipiell versagt? Ist und bleibt das unmöglich? Oder haben wir Schlüssel und Wege zu einem heiligen, d. h. ganzheitlichen Leben verloren, vergessen oder aus Unwissenheit unbeachtet gelassen?

Auf der anderen Seite: Wie ist es mit einem allmächtigen

Gott bestellt, der sich Geschöpfe zu Ebenbildern schafft und sie mit einem sogenannten freien Willen ausstattet und damit auch mit einem absehbaren Mißbrauch dieses freien Willens – durch den Bruch göttlicher Gebote, was zur »Ausweisung« aus dem »Paradies« führt und sogar zur (angeblichen) Belastung jedes Menschen durch die »Erbsünde«. Ein Gott, der dies einfach geschehen läßt und die Menschen nicht vor ihrem voraussehbaren Unglück väterlich-fürsorglich bewahrt?

Es wurde mir zu einem wichtigen Anliegen, solchen Widersprüchen nachzugehen, gerade weil ich erste eigene Erfahrungen mit einer höheren Kraft erleben durfte. Woran lag es, daß nicht nur die Bibel, sondern auch zahlreiche andere heilige Schriften so oft voller anscheinender Widersprüche steckten? Wie kam es, daß sofort und unmittelbar einleuchtende höchste Einsichten und Weisheiten dicht neben Aussagen standen, die zumindest fragwürdig schienen? Warum wurden Hinweise auf mystische Wege nie so recht verfolgt und konkret ausgeführt, statt dessen aber eine Fülle mythologischer und historischer, theologischer und ethischer Entwürfe und Vorgaben ausführlich dargestellt? Lag das daran, daß die Urschriften häufig gar nicht mehr existierten oder die Ursprünge ohnehin zunächst nur in einer mündlichen Überlieferung zu suchen waren, deren Inhalt schon bei der schriftlichen Übertragung gelitten hatte? Sollte es möglich sein, herauszufinden, ob der Hinweis, daß der Mensch als Ebenbild Gottes geschaffen ist, so die Schöpfungsgeschichte, wirklich buchstäblich oder doch nur symbolisch gemeint war?

Ich begann, die Bibel systematischer zu lesen und zu studieren, mit geistig bewußteren Menschen zu sprechen und zu meditieren. Immer wieder stieß ich auf Indizien, daß sich eine verborgene mystische Botschaft wie ein roter Faden durch die Bibel zieht, bisweilen im Alten Testament, vor allem jedoch im Neuen Testament. Es ist eine Botschaft – das sei hier schon skizziert –, die davon kündet, daß Gott nicht nur alles geschaffen hat, daß der Mensch nicht nur von der göttlichen Kraft durchdrungen wird (ob er es weiß und wahrnimmt oder nicht!), sondern daß jeder Mensch diese göttliche Kraft in sich ganz konkret und unmittelbar selbst erfahren kann und er dann geführt wird, um das Rätsel des Lebens zu lösen. Ich fing an, sowohl in der Bibel als in Sekundärliteratur nach den Spuren dieser Botschaft zu suchen. Was wir finden können, ist verblüffend und verheißungsvoll zugleich.

Persönliche Begrenzungen bei dieser Spurensuche sind offensichtlich: Ich bin kein ausgebildeter Theologe und Exeget, kein ordinierter Geistlicher einer christlichen Kirche, kein Experte für alte Sprachen (Aramäisch, Hebräisch, Griechisch und Lateinisch), und schließlich bin ich auch kein Mystiker oder Heilsvermittler, der kraft eigener höchster Erfahrungen und Verwirklichung die Brücke zu Gott selbst überschritten hat oder sie gar anderen Menschen weisen und diese hinübergeleiten könnte.

Ich betrachte mich als einen Sucher, der die naturgegebene oder gottgeschenkte Freiheit des Geistes nutzen möchte, um einen Lebenssinn zu suchen oder dem Leben einen Sinn zu geben. Ich bin davon überzeugt, daß Gott nicht nur christlich oder nur islamisch, nur hinduistisch oder buddhistisch oder jüdisch ist. Schon gar nicht meine ich, daß eine einzige Glaubensgemeinschaft ihn für sich vereinnahmen könnte. Vielmehr durfte ich ganz praktisch im bisherigen Leben feststellen, daß ich von allen wirklich religiösen Menschen lernen kann und daß alle heiligen Schriften Wesentliches über Gott und das Verhältnis zwischen Gott und Mensch sagen.

Dabei interessieren mich weniger die Grenzen der Sinne und des Verstandes als vielmehr die Chancen der Innenschau und der Kontemplation, des Gebets und der Meditation. Ich vertraue auf die Empfänglichkeit des Herzens und die Einsichtsfähigkeit der bewußten Seele, die als Teil einer großen Kraft verstanden und erlebt werden können. Religion ist für mich das Fundament jedes Lebens, wenn wir Religion einerseits als die Öffnung für eine persönliche Verbindung zu Gott verstehen und andererseits als die Bemühung um die praktische Verwirklichung geistiger Einsichten im Alltagsleben.

Religion hat für mich eine innere und eine äußere Seite: Gebet und mystisches Erleben sind die persönliche Seite, menschliches Mitgefühl und Anteilnahme, konkrete Hilfe für den Nächsten, ethisches Verhalten in der Gesellschaft und der kreative Gebrauch der Talente und Möglichkeiten sind die soziale Seite. Mit dieser Einstellung bin ich den Spuren einer in sich geschlossenen Botschaft der Bibel gefolgt. Auf diesem Boden erwuchs meine Gewißheit, daß Jesus Christus mehr als den Glauben an den *Einen Gott* und sogar mehr als die Ethik der Bergpredigt lehrte. Er lehrte, so stellt es sich für mich dar, eine nachvollziehbare Weise, wie jeder Mensch unmittelbare Verbindung mit der Schöpferkraft in sich, mit dem »Ebenbilde Gottes« in sich, aufnehmen kann. Er lehrte etwas, das ich gern die »*Christus-Meditation*« nennen möchte.

In der Bibel gibt es meiner Auffassung nach eine religiöse Botschaft, die nicht viel mit konfessionellen Grenzen oder gar mit Doktrinen und Dogmen zu tun hat, sondern sich an alle Menschen gleichermaßen richtet. Diese bislang wenig beachtete oder gar verborgene Botschaft präsentiere ich Ihnen als persönliche Meinung, als meine subjektive Sicht, die ein Angebot zu Ihrem Nach-Denken sein soll. Die Schlüssigkeit dieser Ansicht stelle ich zwar anhand von Bibelzitaten, Jesusworten, Evangelientexten und Zitaten aus anderen Quellen dar, was jedoch für Sie unter Umständen kein absoluter »Beweis« sein könnte, wenn Sie dieselben Texte vielleicht ganz anders verstehen.

Es soll uns in diesem Buch auch nicht darum gehen, wer »recht« hat, sondern vielmehr darum, ob und wie wir selbst einen lebendigen Zugang zu den wesentlichen Fragen unseres Seins gewinnen: Woher kommen wir? Warum sind wir hier? Wohin gehen wir? Wer oder was lebt da in und durch uns? Gibt es eine Seele? Ist die Seele »ewig«? Was ist Bewußtsein? Welche Bedeutung kann die Botschaft Jesu Christi für unsere geistige Entfaltung, die Überwindung des Todes und die Öffnung für Gott auch heute haben?

Suche nach Wahrheit
jenseits von Glauben

Den einen gilt die Bibel als unverrückbare göttliche Offenbarung, in der jeder Satz wörtlich zu nehmen ist, den anderen als verstaubte Märchensammlung. Dritte wiederum lesen die Bibel als mythisch idealisierte Berichte eines (vermeintlichen) Religionsstifters oder als den mythologisch gefaßten Ausdruck der Sehnsucht vieler Menschen nach etwas Größerem und Dauerhafterem, als sie selbst es zu sein scheinen. Das Wissen um den unmittelbaren Zugang jedes einzelnen Menschen zur Gotteskraft und die Anleitung, diesen Weg der eigenen Innenschau zu gehen, wurde im Laufe der Zeit ebenso vergessen, verdrängt, unterdrückt oder umstritten, wie das Wissen um das Gesetz von Ursache und Wirkung den meisten Menschen unklar bleibt, wie die biblischen Aussagen zur Wiedergeburt und Auferstehung mißverstanden werden, wie gottgefällige Lebensweisen umstritten sind, wie der Tod Jesu am Kreuz von manchen angezweifelt wird, wie die Frage nach dem Leben Jesu zwischen seinem zwölften und seinem dreißigsten Lebensjahr mit dem Hinweis auf (angebliche) Indienreisen und eine langjährige (ebenfalls angebliche) Schulung bei den Essenern durchaus nicht von allen Bibelforschern einhellig beantwortet wird, und wie schließlich sogar die Frage aufgeworfen wird, ob es nicht einen, sondern zwei Personen gegeben habe – der eine ein »Sozialrevolutionär«, der andere ein »Erlöser-Meister« –, die in den Evangelien zu einer Gestalt verschmolzen wurden.

Das vorliegende Buch beschreibt eine geistige Suche nach Wahrheit, soweit wir Menschen Wahrheit zu erkennen vermögen. Es wirft die Frage auf, ob es in der Bibel und vor allem im Neuen Testament nicht um mehr als um Ethik und Moral, um mehr als um theologische Lehren oder festgelegte Kirchenstrukturen geht. Dieses Buch untersucht, ob wir so etwas wie eine verborgene mystische oder gar »esoterische« Botschaft, eine geheimgehaltene oder vergessene spirituelle Lehre des Jesus von Nazareth finden können. Es stellt die Hypothese auf, daß wir auch heute noch in den vorliegenden Bibelfassungen klar beschriebene und nachvollziehbare Anleitungen zur wahren Re-ligio, zur Rück-Verbindung zwischen Seele und Gott, nachlesen können. Das Buch kommt zum Schluß, daß diese praktizierte Religio den Kern der mystischen Lehren Jesu ausmachen, und schlägt vor zu erproben, ob wir auch heute noch diese »Christus-Meditation« praktisch nachvollziehen und so seiner Aufforderung zur Menschwerdung und Gotterkenntnis wirklich nachkommen können.

Dieses Buch soll dem Verständnis der Bibel neue Impulse geben. Es zeigt auf, wie Jesus als Mystiker verstanden werden darf. Die Leser können anhand der zahlreichen Zitate selbst überprüfen, welche Schätze an konkreten geistigen Anleitungen Jesus seinen Jüngern gegeben hat. Die Botschaften der Bibel erscheinen in einem ganz neuen Licht. Sowohl Aussagen von Mystikern aus dem christlichen Raum als auch solche aus anderen religiösen Räumen gewinnen durch diese Bibel-Deutung neue Klarheit und neues Gewicht.

Das Buch der Bücher

Die Bibel kann getrost als das meistgedruckte und am weitesten verbreitete Buch der Welt bezeichnet werden. Es liegt ganz oder in Teilen in mehr als 1500 Sprachen vor. Das Wort »Bibel« kommt von griechisch »biblia« und bedeutet »Bücher«. Mit dem Sammelbegriff Bibel bezeichnet man zahlreiche heilige Schriften des Judentums und die wichtigsten Texte des Christentums, wie sie heute vom Christentum in einem zweiteiligen Buch zusammengefaßt werden.

Das Alte Testament besteht im wesentlichen aus vorchristlichen jüdischen Texten und religiösen Zeugnissen, die vor allem in Hebräisch, Aramäisch und Griechisch niedergeschrieben wurden. Wir finden Gesetzesbücher (die fünf Bücher Mose), geschichtliche Bücher, Dichtungen und Weisheitstexte wie das Hohelied und die Psalmen sowie die prophetischen Bücher.

Herausragende Merkmale des Alten Testaments sind die Betonung der Einzigartigkeit und Herrlichkeit Gottes, der Bund, den er mit dem Volke Israel geschlossen hat, das von ihm gegebene Gesetz, Gottes Allmacht, die sich sowohl auf den Verlauf der irdischen Geschichte erstreckt als auch auf Israels besonderes Schicksal, Gottes Offenbarung durch die Propheten, die Natur der Menschheit mit ihrer kollektiven und individuellen »Schuld« oder »Sünde« und deren Auslöschung durch die wahre Verehrung und Anbetung Gottes. Die Erwartung eines Messias, eines Erlösers, ist ebenfalls zentraler Bestandteil der jüdischen Religion, vor allem der mystischen Gruppierungen innerhalb dieser Religion. Manche erwarteten und erwarten wohl einen Messias als einen gesalbten königlichen Erretter aus dem Stamme David (»Messias« heißt »der Gesalbte«), der den besonderen Bund

Israels mit Gott auch historisch und politisch sichtbar erfüllen werde. Andere hofften und hoffen auf einen Messias, der mehr die geistig-spirituelle Erlösung und das Heil für die Seelen bringen soll.

Das Neue Testament wurde zunächst, so meinte man viele Jahrhunderte hindurch, in griechischer Sprache verfaßt. Heute gehen die Bibelforscher davon aus, daß zumindest Teile davon in aramäischer Sprache und wohl auch in Hebräisch verfaßt wurden. Die vom heiliggesprochenen Hieronymus im 4. Jahrhundert ins Lateinische übersetzte Bibelfassung, die »Vulgata«, wurde vom Trienter Konzil des 15. Jahrhunderts zur offiziellen katholischen Bibelversion erklärt. Martin Luther stellte 1545 eine inzwischen als »Luther-Bibel« bekannte deutschsprachige Fassung vor, die mindestens eine ebenso große Geltung erlangte.

Das Neue Testament entstand in seinen Hauptteilen, soweit man das überprüfen kann, nach Jesu Lebzeit. Der Prozeß seiner Niederschrift, Sammlung, Auswahl und auch kontroversen Bearbeitung dauerte einige Jahrhunderte. Das Neue Testament besteht aus den vier Evangelien, die bekanntlich keineswegs alle von ihren Namensgebern Matthäus, Markus, Lukas und Johannes verfaßt wurden. Das Markus-Evangelium ist nach dem heutigen Forschungsstand das älteste, es ist vielleicht um 70 n. Chr. entstanden (siehe auch Seite 157 ff. mit Auszügen aus dem »inneren« oder »geheimen« Markus-Evangelium). Das Lukas- und das Matthäus-Evangelium entstanden vermutlich um 85 n. Chr. und das Johannes-Evangelium um 95–100 n. Chr. – oder noch später! Darüber hinaus liegen uns heute die Apostelgeschichte des Lukas, Epistel oder Briefe der Apostel Paulus, Petrus, Johannes und anderer vor, sowie die Offenbarung des Johannes, die sogenannte Apokalypse. Eine mit »Q« bezeichnete »Quelle«, ein verschollenes Dokument, auf welches sich Matthäus und Lukas unter anderem stützen, enthielt vermutlich vor allem noch früher aufgezeichnete, »authentischere« Aussagen Jesu.

Neben den »kanonischen«, also kirchlich anerkannten Texten, gibt es eine Reihe »apokrypher«, d. h. »verborgener« Texte, die (noch) nicht kirchlich anerkannt sind. Die Zahl solcher Dokumente, die immer wieder einmal entdeckt oder jetzt erst richtig entschlüsselt und zugeordnet werden, nimmt noch zu. Insbesondere die Funde von Qumran und Nag Hammadi nach dem Zweiten Weltkrieg haben eine Fülle neuer Quellen erschlossen. Das führte u. a. zur Herausgabe eines fünften Evangeliums, den Texten des »Thomas-Evangeliums«, und zu den Schriften des »Essener-Evangeliums« (siehe ab Seite 160 die Abschnitte mit näheren Erläuterungen und Textauszügen). Man weiß heute, daß es »die Bibel« als monolithisches Gesamtwerk gar nicht gibt, sondern vielmehr eine große Anzahl von Texten, die – je nach Verständnis, Glaubensrichtung, Kirchenziel, Machtanspruch oder Geschmack – entweder Bestandteile anerkannter Ausgaben darstellen oder es eben absichtlich oder »zufällig« gerade nicht sind.

Dem Alten und dem Neuen Testament ist der Glaube an den *Einen Gott* gemeinsam, sie sind also beide monotheistisch. Während im Alten Testament das Gesetz und der Bund Gottes mit Israel im Mittelpunkt stehen, wird im Neuen Testament die Bedeutung Jesu als Christus oder Messias, als Heiland und Erlöser, Menschensohn und gleichzeitig Gottessohn, als Herr und Prophet zur Kernaussage der Texte. Das griechische Wort »christos« ist übrigens gleichbedeutend mit Messias und heißt ebenfalls »der Gesalbte«. Wie wir später sehen werden, spielt in zwei Evangelien die (angenommene) Herkunft Jesu aus dem königlichen Stamme Davids sehr wohl auch im Neuen Testament eine wichtige Rolle. Das zweite zentrale Thema des Neuen Testaments ist die (vermeintliche) Auferstehung nach der Kreuzigung. Damit konnte der Messias zwar nicht mehr als der politisch siegreiche neue »König der Juden« angesehen werden, er wurde dadurch jedoch zum »gekreuzigten Herrn«, dessen Gottessohnschaft offensichtlich einzigartig schien. Ein dritter wesentlicher Punkt ist die Bedeutung des Wortes und des Heiligen Geistes und die Bestätigung Jesu, daß diese in allen Menschen wohnten, und seine Aufforderung, daß sich alle Menschen zur Erlangung ihres Seelenheils und des ewigen Lebens über den Tod des Körpers hinaus mit dem Wort und dem Heiligen Geist verbinden sollten. Schließlich haben manche Gleichnisse Jesu und sicher auch die Johannes-Offenbarung dazu geführt, daß zahlreiche Zeitgenossen Jesu und viele nach ihm lebende frühe Christen davon ausgingen, daß die Zerstörung der alten, ungläubigen und »gottlosen« Ordnung der Welt unmittelbar bevorstünde und das Reich Gottes womöglich noch zu ihren Lebzeiten auch äußerlich sichtbar errichtet würde. Daß hinter diesen Überzeugungen, Deutungen, Glaubensinhalten und Annahmen eines »Reiches Gottes« ursprünglich etwas anderes als eine gesellschaftspolitisch humanistische neue Ordnung gestanden hatte, soll im zweiten Hauptteil dieses Buchs näher untersucht werden.

Obwohl Jesus und seine Jünger und Anhänger an denselben Gott glaubten wie ihre zumeist jüdische Umwelt und auch an der Autorität der Schriften und Aussagen des Alten Testaments kein grundsätzlicher Zweifel bestand, erweiterten die Lehren Jesu das Heilsangebot Gottes und seinen »Bund« jedoch derart, daß prinzipiell alle Menschen in die Gemeinschaft Gottes aufgenommen werden konnten und sollten. Jesus erklärte damit einen »neuen Bund«, der Juden und Nicht-Juden gleichermaßen einschloß. Paulus, der Jesus nach eigenen Aussagen bekanntlich persönlich nie begegnet ist und sich dennoch (oder gerade deshalb?) zum energischsten Förderer der christlichen Sache machte, gilt als eigentlicher »Stifter« und Begründer der heutigen Kirchenform des Christentums.

Die Bibel ist nun keineswegs das älteste der »Heiligen Bücher« der sogenannten Hochreligionen. Der babylonische und der palästinensische Talmud, die Sammlung heiliger jüdischer Schriften vor allem des Pentateuchs, der fünf Gesetzesbücher Mose, welche die Thora bilden, sind älter als unsere heutige Bibel. Die ägyptische Weisheitslehre und das sumerische Gilgamesch-Epos aus einer Zeit lange vor Christi Geburt können ebenso zu den »heiligen« Schriften unserer Welt gezählt werden. Die Ursprünge des tibetanischen Totenbuchs und vermutlich auch des Zend-Awesta der Religion des Zoroaster reichen vor die Zeit Jesu zurück. Buddhistische religiöse Texte gibt es seit dem 6. Jahrhundert v. Chr. Das chinesische »Weisheitsbuch der Wandlungen«, das *I Ging*, ist viele Jahrtausende alt, auch das *Tao Te King* des Lao Tse ist älter als das Neue Testament. Die indischen Veden und Upanishaden, Urschriften des Hinduismus und jener Religionen, die sich daraus entwickelt haben (Brahmanismus, Buddhismus, Jainismus und so fort), waren nicht missionarisch angelegt wie das Christentum (und der noch später entstandene Islam). Damit erfuhren ihre Texte bis in unser Jahrhundert hinein auch nicht jene weltweite Verbreitung, wie sie die Bibel genoß. Ob die Veden nun zweitausend oder dreitausend Jahre älter als das Alte Testament sind, ob die *Bhagavad Gita*, der »Gesang des Erhabenen«, nun eintausend oder viertausend Jahre älter ist als das Neue Testament, soll für uns keine Rolle spielen. Wichtig scheint mir, daß wir die Bibel als Teil einer Reihe religiöser Schriften verstehen, daß wir sie in einer Kontinuität menschlicher Zeugnisse betrachten, die sich mit den wichtigsten und höchsten Themen unserer Existenz beschäftigen.

Zusammengefaßt gibt es im wesentlichen drei Auffassungen von der Bibel, die sich anscheinend ausschließen:
• Die Bibel gibt historische Wahrheit wieder und zugleich göttlich offenbarte und somit unangreifbare Wirklichkeit. Wenn schon vielleicht nicht alles genau stimmt (zum Beispiel muß die Schöpfungsgeschichte unter Umständen nicht wörtlich genommen werden), so gelten zumindest die Texte des Neuen Testaments als unverrückbare

Tatsachenbeschreibungen, die buchstäblich so gelten, wie wir sie heute lesen.
- Die Bibel ist eine Sammlung mythologischer Texte, die mehr über die Sehnsucht der menschlichen Seele Auskunft geben als über geschichtlich und wissenschaftlich überprüfbare Fakten. Man mag sie als Inspiration zur inneren Öffnung für das Religiöse ansehen; sie stellt jedoch keine unumstrittene »Wahrheit« dar.
- Die Bibel ist eine Sammlung von Texten aus teils zwar authentischen, aber nicht mehr überprüfbaren Quellen einer göttlichen Offenbarung über das Leben und die Lehre Jesu Christi, die durch tieferes Verständnis und höhere Einsichtsfähigkeit der späteren »Kirchenväter« in eine als gesichert geltende Form gebracht wurde, die nunmehr zu Recht als Kanon und Doktrin gelten darf.

An dieser Stelle kann die Frage nach der »Wahrheit« der Bibel nicht weiter untersucht werden. Wenn vieles auch unvollständig aus der mündlichen Überlieferung in die Schriftform gebracht wurde, wenn mancher Sinngehalt auch infolge mehrfacher Übersetzungen verloren ging, wenn eine Großzahl von Quellen und Dokumenten auch zerstört wurde oder noch nicht wieder gefunden werden konnte, so gehe ich dennoch zunächst einmal davon aus, daß Bibelworte so gemeint sind, wie sie geschrieben wurden. Die Grundlage des Versuchs, den Spuren einer geheimnisvollen Botschaft zu folgen, besteht für mich sogar darin, die Bibel möglichst immer beim Wort zu nehmen! Sicher ist, daß die Bibel eine (mythologische oder historische) Schöpfungsgeschichte erzählt und die göttliche Ordnung des gesamten Kosmos darstellt, die göttliche Ordnung für alle lebendigen Geschöpfe und alle kosmischen Gegebenheiten. Sie übermittelt alttestamentarische und neutestamentarische Anleitungen zum ethischen Leben, zur privaten und zur gesellschaftlichen Moral. Wir denken an die Zehn Gebote oder die Bergpredigt (2 Mos 20,1-17; Mt 5,3-10).

Aber ist die Bibel vielleicht sogar noch mehr als Schöpfungsordnung, Ethik und Glaube? Enthält das Neue Testament womöglich noch sehr viel mehr als die Berichte über den Gottes-Sohn Jesus? Ausgangsmaterial für den Hauptteil dieses Buchs sind jene Bibeltexte, wie sie in den heute üblichen und autorisierten Fassungen allgemein zugänglich sind. Dabei habe ich mich vor allem auf die Texte der *Luther-Bibel* (in der *dtv text-bibliothek* nach der Wittenberger Ausgabe von 1545) sowie der *King James-Ausgabe* (konform mit der Ausgabe von 1611) gestützt, aber auch andere Bibelfassungen herangezogen (so die von der Evangelischen Kirche Deutschlands 1964 und 1984 herausgegebenen Ausgaben, das Neue Testament in der *Herder-Ausgabe* von 1965 sowie die Bibelversion des »Jesus-Seminars«, wie sie im Buch *The Five Gospels – What Did Jesus Really Say?* – »Die fünf Evangelien – Was sagte Jesus wirklich?« vorliegt; siehe Literaturhinweise). Wundern Sie sich nicht, wenn Zitate manchmal abzuweichen scheinen von dem Wortlaut, wie Sie ihn vielleicht in Erinnerung haben. Wenn Sie zwei Bibeln, die unterschiedlichen »Revisionen« entstammen, miteinander vergleichen, werden Sie fast in keinem Vers exakt dieselben Worte finden.

Bewußt spielen für unsere Untersuchungen apokryphe Quellen, also nicht allseits offiziell anerkannte Texte, und Zeugnisse mancher Mystiker erst später im Buch eine Rolle. Zuerst wollen wir die kanonischen Texte prüfen. Zu jenen Texten, welche die Thesen dieses Buchs bestätigen, gehören zusätzliche Evangelien – vor allem das inzwischen als authentisch anerkannte Thomas-Evangelium, das hier erstmals mit Kommentaren zu seinem mystischen Hintergrund vorgestellt wird – und andere Fassungen und Lesarten der vier bekannten Evangelien, Auszüge aus den Qumran-Funden und eine Fülle weiterer Originaldokumente sowie eine unübersehbare Flut von Sekundärliteratur.

Das Johannes-Evangelium beginnt, wie Sie wissen, ebenfalls mit einer Art Schöpfungsgeschichte:

Im Anfang war das Wort und das Wort war bei Gott und Gott war das Wort . . . Alle Dinge sind durch dasselbe gemacht . . . In ihm war das Leben, und das Leben war das Licht der Menschen. Und das Licht scheint in der Finsternis, und die Finsternis hat's nicht begriffen. Joh 1,1-3

Was war und ist das »Wort«? Wie kann das *Wort* das Leben der Menschen sein und zugleich das Licht? Um was für eine Finsternis handelt es sich? Wie können wir dieses Licht »begreifen«, das da angeblich in uns scheint? Beginnen wir unsere Suche beim rätselhaften *Wort*, das Licht in die Finsternis bringt. Beginnen wir mit einer Spurensuche, die mitunter etwas mühselig anmuten mag, weil wir wörtlich zitieren und die Herkunft von Zitaten anmerken müssen, weil wir erst die Puzzleteilchen eines vielfarbigen Mosaikbildes sammeln und dann nach »Farben« und »Formen« ordnen müssen und sehen, wie sie ineinander passen, bevor wir anfangen können, ein Gesamtbild zu erkennen.

Teil II

Jesu Lehre vom ewigen Leben

Das geheimnisvolle Wort

Die Matthäus-, Markus- und Lukas-Evangelien beginnen mit Berichten über Jesus, über seine Abstammung, über die Zeit und die Gesellschaft, in die er hineingeboren wurde. Das Johannes-Evangelium beginnt jedoch mit einem recht merkwürdigen Schöpfungsbericht. Dabei verwendet der Johannes genannte (aber letztlich bislang unbekannte) Verfasser einen ungewöhnlichen Begriff als Namen einer uranfänglichen und ursprünglichen Schöpferkraft. Er spricht nicht von »Kraft«, nicht von »göttlichem Willen« oder von einem »Heiligen Geist«, zunächst auch nicht von »Licht«, sondern vom »Wort«. Dieser Begriff geht auf den griechischen Ausdruck »logos« zurück. Logos für sich bedeutet soviel wie Wort, Rede, Vernunft. Offensichtlich meint Johannes aber sehr viel mehr als nur Wörter und Vernunft. Lesen wir nach:

> Im Anfang war das Wort und das Wort war bei Gott und Gott war das Wort. Dasselbe war im Anfang bei Gott. Alle Dinge sind durch dasselbe gemacht und ohne dasselbe ist nichts gemacht, was gemacht ist. In ihm [dem Wort] war das Leben und das Leben war das Licht der Menschen und das Licht scheinet in der Finsternis und die Finsternis hat's nicht begriffen.

> Es ward ein Mensch von Gott gesandt, der hieß Johannes. Derselbe kam zum Zeugnis, daß er von dem Licht zeuge, auf daß sie alle durch ihn glaubten. Er [Johannes] war nicht das Licht, sondern daß er zeuge von dem Licht. Das war das wahrhaftige Licht, welches alle Menschen erleuchtet, die in diese Welt kommen. Es [das Licht] war in der Welt und die Welt ist durch dasselbe gemacht und die Welt kannte es nicht. Joh 1,1-10

Das *Wort*, von dem hier die Rede ist, existierte von Anfang an, es hatte Gemeinschaft mit Gott, und Gott selbst war sogar im *Wort*.

Das *Wort* besitzt nach dieser Beschreibung erstaunliche Eigenschaften und Kräfte: Es schöpft und bewirkt alles, was gemacht ist. Nicht etwa Gott schafft alles selbst, sondern das *Wort*, das bei ihm ist und aus ihm ausfließt, manifestiert jedes Sein, das wir wahrnehmen. Dieses eigentümliche Wort ist aber nicht nur die Kraft, aus der die Schöpfung hervorgeht – das ist schon erstaunlich genug! –, sondern es enthält auch »das Leben«. Was ist Leben? Was ist menschliches Leben? Sicher nicht nur die körperliche Existenz, sondern auch das Fühlen und Empfinden, das Denken und Verstehen, die Regungen des Geistes ... kurz Bewußtsein: »In ihm [dem Wort] war das Leben und das Leben war das Licht der Menschen ...« Das Wort ist demnach schöpferische Kraft, Träger des »Lebens« und darüber hinaus sogar das »Licht der Menschen«. Das Wort ist also weit mehr als »Vernunft« oder gar nur die Wörter einer Rede.

Im weiteren Verlauf lesen wir darüber, daß das Wort in der Finsternis scheint, diese das Licht allerdings nicht wahrnimmt. Dieses Thema nimmt Johannes am Schluß des Zitats noch einmal ausdrücklich auf und geht jetzt weiter. Nun setzt er das *Wort* mit dem *Licht* gleich und sagt: »Es war in der Welt und die Welt ist durch dasselbe gemacht und die Welt [er]kannte es nicht.« Wir lesen noch mehr: Dieses Licht ist auch ein Licht, das alle Menschen, die hierherkommen, »erleuchtet« – jedoch haben wir offenbar weder das alles erschaffende und lebenspendende *Wort* noch das uns erleuchtende *Licht* erkannt, bislang wenigstens.

Aus diesen Anfangsversen des Johannes-Evangeliums und infolge der hier nur kurz skizzierten Überlegungen dazu geht hervor, daß das *Wort* eine besondere göttliche Kraft ist. Das *Wort* ist göttlichen Ursprungs, es ist eins mit Gott, und dennoch ist es insofern anders, als es die Kraft ist, welche sowohl die Welt erschafft als auch Leben und Licht der Menschen darstellt. Damit ist das *Wort* eine Art »Nabelschnur« zwischen Gott und seiner Schöpfung, welche die Schöpfung (und damit auch alle Menschen) mit Leben, Licht und Bewußtsein ausstattet und ernährt. Wenn die Nabelschnur bei der Geburt durchtrennt wird, gewinnt das Neugeborene ein körperliches Leben unabhängig von der Mutter. Wenn die Seele zu Gott zurückkehren will, muß die geistige Verbindung anhand der »Nabelschnur« des *Wortes* neu aufgenommen werden. Allerdings hat die »Finsternis« menschlicher Unbewußtheit dieses *Wort* und sein Licht (noch) nicht erkannt – das ist jedoch durchaus möglich. Zu vermitteln, wie dieses Licht erkannt werden kann, ist ja gerade der Kernauftrag jeder Religion!

Es ist wirklich eine eigentümliche Sache mit dem *Wort*. Wir finden in der Bibel auch an anderen Stellen immer wieder Hinweise auf diese Kraft. So können wir wenig später eine wirklich bemerkenswerte Aussage nachlesen:

> Das Wort ward Fleisch und wohnte unter uns . . . Joh 1,14

Nun hat das *Wort* sogar noch die Fähigkeit, nicht nur als unsichtbare Kraft zu wirken, sondern sich in einem Menschen zu verkörpern. Wir kommen auf diese zunächst schwerverständliche Aussage später noch zurück. Im Matthäus-Evangelium finden wir weitere Bemerkungen über das Wesen des *Wortes*:

> Der Mensch lebt nicht vom Brot allein, sondern von einem jeglichen Wort, das durch den Mund Gottes geht. Mt 4,4

Wie sollen wir das verstehen? Daß Gott mit einem körperlichen Munde spricht? Oder ist das vielmehr ein Versuch, die Tatsache, daß das *Wort* sowohl Gott ist als auch aus ihm ausfließt und schöpferisch wirksam wird, in einem anderen Ausdruck zu fassen und mit anderen Wörtern zu umschreiben, als Johannes es tat? Die Apostel wußten vom Unterschied zwischen Wörtern und dem Wort, zwischen Gedankenformen und beseelter Gotteskraft. So schreibt Paulus:

Ich will aber kürzlich [bald] zu euch kommen, so der Herr will, und erlernen [euch übermitteln] nicht die Worte der Aufgeblasenen, sondern die Kraft. Denn das Reich Gottes steht nicht in Worten, sondern in Kraft. 1 Kor 4,19-20

Paulus bestätigt uns, daß es um eine offensichtlich erlebbare und mitteilbare Kraft geht, nicht um Worte, und seien sie noch so wohlklingend (d.h. aufgeblasen, aber ohne eigentliche Kraft). Im Brief an die Hebräer nimmt Paulus dieses Thema erneut auf:

> [Christus] trägt alle Dinge mit seinem kräftigen Wort und hat vollbracht die Reinigung von den Sünden und hat sich gesetzt zur Rechten der Majestät in der Höhe, und ist soviel höher geworden als die Engel, wie der Name, den er ererbt hat, höher ist als ihr Name. Hebr 1,3-4

Hier begegnet uns der Begriff »Name«, den wir später noch einmal aufgreifen werden, als eine Art Synonym oder zumindest doch als ein »Gütesiegel« für die Wirksamkeit des »kräftigen Wortes«.

Schon im Alten Testament finden wir vielsagende Hinweise auf ein geheimnisvolles und machtvolles »Wort«:

> Der Himmel ist durch das Wort des Herrn gemacht und all sein Heer durch den Geist seines Mundes . . . denn sobald er spricht, geschieht es, sobald er gebietet, steht es da. Ps 33,6,9

> Herr, dein Wort bleibt ewiglich, so weit der Himmel ist. Ps 119,89

Die englische Bibel-Fassung schreibt übrigens: »Herr, dein Wort bleibt im Himmel angesiedelt.« Das *Wort* ist eine göttliche Kraft, die von ewiger Dauer ist, so diese zusätzliche Information aus dem Psalm. Was aber geschieht mit dem *Wort*, wenn es doch in jedem Menschen leuchtet? »Das war das wahrhaftige Licht, welches alle Menschen erleuchtet, die in diese Welt kommen«, steht im Johannes-Evangelium. Warum nehmen wir es dann nicht wahr? Im Markus-Evangelium erhalten wir einen weiteren Aufschluß darüber (die Verse habe ich in Abschnitten gesetzt, die den Inhalt deutlicher machen sollen; die Verweise stehen ganz am Schluß):

Der Sämann sät das Wort.

Es gibt welche, die auf dem Wege sind, wo das Wort gesät wird, und die es gehört haben: so kommt alsbald der Satan und nimmt weg das Wort, das in ihr Herz gesät war.

Es gibt auch jene, die [bei denen das Wort] aufs Steinige gesät sind: wenn sie das Wort gehört haben, nehmen sie es bald mit Freuden auf und haben keine Wurzeln in sich, sondern sind wetterwendisch – wenn sich Trübsal oder Verfolgung um des Wortes willen erhebt, so ärgern sie sich bald.

Und es gibt weiter andere, die [bei denen das Wort] unter Dornen gesät sind, die das Wort hören: und die Sorge dieser Welt und der betrügerische Reichtum und viele andere Lüste gehen hinein und ersticken das Wort und [es] bleibt ohne Frucht.

Und es gibt diese, die [bei denen das Wort] sind auf ein gutes Land gesät und bringen Frucht, manche dreißigfach, andere sechzigfach und einige hundertfach.

Und er sprach zu ihnen: Zündet man ein Licht an, damit man es unter einen Scheffel oder unter einen Tisch setze? Mitnichten, sondern damit man es auf einen Leuchter setze. Denn es ist nichts verborgen, das nicht offenbar werde, und nichts ist heimlich, das nicht hervorkomme.

Wer Ohren hat zu hören, höre. Und [Jesus] sprach zu ihnen: Sehet zu, was ihr höret. Mit welchem Maß ihr meßt, so wird man euch wieder messen, und man wird noch zugeben euch, die ihr dies hört. Denn wer da hat, dem wird gegeben, und wer nicht hat, von dem wird man [sogar] das nehmen, was er [noch] hat. Mk 4,14-25

Im Lukas-Evangelium wird dieses Gleichnis ebenfalls erzählt, fast gleichlautend, aber es heißt zu Beginn noch ausdrücklicher:

Der Same ist das Wort Gottes. Lk 8,11

Und bei Johannes spricht Jesus selbst:

Ich habe ihnen gegeben dein Wort. Joh 17,14

Die Kraft des *Wortes* ist demzufolge in jeden Menschen gesät. Auch im Markus-Zitat wird das *Wort* erneut mit Licht gleichgesetzt. Was aber mit der Saat dann später geschieht, hängt von zahlreichen unterschiedlichen Einflüssen ab. Eine bewußte Verbindung mit dem *Wort* zu erlangen, sich der Existenz des *Wortes* als schöpferische Gotteskraft, Lebenskraft und Lichtkraft bewußt zu werden, ist ein wichtiger Sinn im Leben, wie wir weiter unten lesen werden.

Im Ersten Petrusbrief finden wir eine Bestätigung der Bedeutung des *Wortes*:

Denn ihr seid wiedergeboren nicht aus vergänglichem, sondern aus unvergänglichem Samen, nämlich aus dem lebendigen Wort Gottes, das da bleibt . . . des Herrn Wort bleibt in Ewigkeit. 1 Petr 1,23,25

Auch der Apostel Jakobus, der zumeist als Bruder Jesu Christi angesehen wird, erwähnt in einem erhalten gebliebenen Brief das *Wort*:

Darum legt ab alle Unsauberkeit und alle Bosheit und nehmt das Wort an mit Sanftmut, das in euch gepflanzt ist und Kraft hat, eure Seelen selig zu machen. Jak 1,21

Das *Wort* ist hier »gepflanzt« worden, vorhin wurde es »gesät«. Zum Wesen des *Wortes* fügt Jakobus hinzu, daß das *Wort* die Seelen selig macht. Es gibt nicht nur Leben und

Licht für die sichtbare Schöpfung, sondern auch Beseligung für die unsichtbare und dennoch wirkliche Seele. Im Brief an die Hebräer lesen wir erneut über die besonderen Eigenschaften des geheimnisvollen *Wortes*:

> Denn das Wort Gottes ist lebendig und kräftig und schärfer als jedes zweischneidige Schwert, und dringt durch, bis es scheidet Seele und Geist, auch Mark und Bein, und ist ein Richter der Gedanken und Sinne des Herzens. Und kein Geschöpf ist vor ihm verborgen, sondern es ist alles bloß und aufgedeckt vor den Augen Gottes, dem wir Rechenschaft geben müssen. Hebr 4,12-13

Das *Wort* ist also etwas, das alles durchdringt und sogar als »Richter« wirkt. Man könnte fast denken, daß das *Wort* alle wichtigen Eigenschaften der Schöpferkraft in sich trägt und ausübt. Nun zwei Zitate aus dem Alten Testament, in denen das *Wort* ebenfalls eine wichtige Rolle einnimmt:

> Dein Wort ist meines Fußes Leuchte und ein Licht auf meinem Wege. Ps 119,105

> Daß er dich erkennen läßt, daß der Mensch nicht nur vom Brote lebt, sondern daß der Mensch von jedem Wort lebt, das aus dem Munde Gottes kommt. 5 Mos 8,3

Deutsche Bibeln verwenden oft nicht den Begriff »Wort«, sondern drucken statt dessen: ». . . der Mensch von allem lebt, was aus dem Mund des Herrn [Gottes] geht [kommt]«. Bei Matthäus lasen wir jedoch: »Der Mensch lebt nicht vom Brot allein, sondern von einem jeglichen Wort, das durch den Mund Gottes geht.« Mt 4,4

Als ob das *Wort* nicht schon ausreichend wundersame Eigenschaften besitze, erklärt Johannes weiter:

> Wer mein Wort hört . . . ist vom Tode zum Leben hindurchgedrungen. Joh 5,24

Das *Wort* vermag demzufolge auch den Tod zu überwinden. Die Begriffe *Wort* und *Licht*, wir lasen und sagten es bereits, werden oft gleichbedeutend verwendet. Die Gleichsetzung im Schöpfungsbericht am Anfang des Johannes-Evangeliums findet ihre Entsprechung in einem Vers der Schöpfungsgeschichte im Ersten Buch Mose:

> Und Gott sprach: Es werde Licht, und es ward Licht.
> 1 Mos 1,3

Was ist die »Sprache« Gottes? Eine Sprache aus Wörtern, die aus einem Munde kommen? Oder eine Kraft, eine Energie, die aus sich heraus etwas bewirkt? Es gibt einen weiteren Begriff, der in der Bibel mit dem *Wort* in Zusammenhang gebracht wird, die Bezeichnung »Name«. *Name* ist in der Bibel, wie ich meine, oft gleichzusetzen mit dem unsichtbaren und doch so wirksamen *Wort* in jedem Menschen. Beispielsweise lesen wir im Hebräer-Brief:

> [Christus] trägt alle Dinge mit seinem kräftigen Wort und hat vollbracht die Reinigung von den Sünden und hat sich gesetzt zur Rechten der Majestät in der Höhe, und ist soviel höher geworden als die Engel, wie der Name, den er ererbt hat, höher ist als ihr Name. Hebr 1,3-4

Dies ist der Hinweis, daß dem *Wort* eine weitere höchst bedeutsame Eigenschaft zugeschrieben wird, nämlich Menschen von Sünden reinigen zu können. Christus hat einen *Namen* geerbt. Was ist dieser *Name*? Auch Johannes benutzt diesen Begriff des *Namen*:

> Und ich habe ihnen deinen Namen kundgetan und will ihnen kundtun, auf daß die Liebe, mit der du mich liebst, in ihnen sei und ich in ihnen. Joh 17,26

Im Alten Testament finden wir gleichfalls verschiedentliche Hinweise auf eine besondere Kraft des Namens:

Du aber Herr, bist unser Vater und unser Erlöser; von alters her ist das dein Name. Jes 64,16

Das Wort *besitzt* offensichtlich zusätzlich die Qualität einer unter Umständen hörbaren »Stimme Gottes«, wenn wir manchen diesbezüglichen Aussagen der Bibel vertrauen:

> Und nach dem Erdbeben kam ein Feuer, aber der Herr [Gott, Jahve] war nicht im Feuer. Und nach dem Feuer kam ein stilles, sanftes Sausen. Als das Elias hörte, verhüllte er sein Antlitz mit seinem Mantel und ging hinaus und trat in den Eingang der Höhle. Und siehe, da kam eine Stimme zu ihm und sprach: Was hast du hier zu tun, Elia? 1 Kö 19,12-13

In der englischen *King James-Ausgabe* lesen wir eine andere, interessante Übertragung, nämlich:

> Und nach dem Feuer kam eine stille kleine Stimme . . . !

Also nicht ein stilles, sanftes Sausen, sondern eine stille kleine Stimme. Im Neuen Testament geht es nicht mehr um die Stimme Gottes, sondern um die des Sohnes:

> Wahrlich, wahrlich, ich sage euch: es kommt die Stunde und ist schon jetzt, daß die Toten die Stimme des Sohns Gottes hören werden, und die sie hören werden, die werden leben. Joh 5,25

Was ist das für eine »Stimme«? Können wir davon ausgehen, daß es sich wiederum um das *Wort* handelt, also nicht um die sinnlich, äußerlich hörbare menschliche Stimme Jesu, sondern um die seelisch, innerlich vernehmbare spirituelle Stimme Christi? Wer sind die »Toten«? Sind die Toten vielleicht nicht jene, die jetzt gar nicht mehr körperlich leben, sondern eben gerade wir Lebenden, in denen statt Licht Finsternis herrscht? Sind wir die »Toten«, weil wir die stille Stimme des göttlichen *Wortes* nicht vernehmen? Weil wir uns mit unserer Aufmerksamkeit in die laute, zeitlich und räumlich relative Welt der Formen gewandt haben, anstatt auf das Göttliche in uns zu schauen und zu hören?

Eine weitere Umschreibung der außergewöhnlichen Kraft des *Wortes* kommt nach meiner Auffassung im Begriff des »Wasserstroms« zum Ausdruck:

> Und er zeiget mir einen lautern Strom des lebendigen Wassers, klar wie ein Kristall, der ging [aus] von dem Stuhl Gottes . . . Off 22,1

Wenn das *Wort* einerseits Leben und Licht der Welt und der Menschen ist und es andererseits einen klaren Strom des lebendigen Wassers gibt, der von Gott ausgeht und die Schöpfung durchlebt und belebt, dann scheinen *Wort* und »lebendiges Wasser« identisch zu sein.

Halten wir als vorläufiges Ergebnis fest:

> *In der Bibel und speziell im Neuen Testament ist wiederholt von einer wundervollen Kraft die Rede, die meistens das* Wort *genannt wird, die oft aber auch mit dem* Licht *gleichgesetzt wird. Auch der* Name *und die* Stimme Gottes *und vielleicht auch das* Lebendige Wasser *scheinen damit in Beziehung zu stehen. Dieses* Wort *ist eins mit Gott; es ist eine schöpferische »göttliche« Kraft, die alles hervorbringt und alles belebt. Wenn Gott sich ausdrückt und seine Kraft manifestiert, so geschieht das durch das* Wort. *Das* Wort *verfügt über viele besondere und offenbar letztlich unbeschreibbare Eigenschaften: es bringt der Schöpfung und den Menschen Leben und erleuchtet sie, ohne daß sie es wissen und erkennen. Es reinigt von Sünden, es beseligt die Seele, es überwindet den Tod, es ist ewig.*

Ohne das *Wort* als besondere Kraft Gottes gäbe es somit kein bewußtes Sein und kein ewiges Seelenleben. Wie kann man nun die Verbindung mit dem *Wort* erlangen? Auch dazu nimmt die Bibel Stellung.

Taufe als Einweihung

Dieser Abschnitt behandelt die Taufe, was sie nach der Aussage des Neuen Testaments wirklich bedeutet oder zumindest bedeutet hat. Ob Jesus die Wassertaufe, also die Taufe des erwachsenen Menschen durch Untertauchen des ganzen Körpers im Wasser, oder gar die Kleinkindtaufe durch das Besprenkeln mit Wassertropfen, selbst vollzogen hat, ist höchst fraglich. Die Forscher sind sich (auch) in diesem Punkt (noch) keineswegs einig. Sicher ist jedoch, daß die Erwachsenentaufe im Jordanwasser durch Johannes den Täufer als symbolische Reinigung und Zeichen der Bereitschaft zu Buße und Umkehr öffentlich und unter recht großer Beteiligung durchgeführt wurde. Sicher scheint auch, daß Jesus selbst sich hat taufen lassen. Johannes der Täufer wurde bekanntlich vielfach entweder für den prophezeiten Messias gehalten, oder er wurde auf die Probe gestellt, ob er sich vielleicht selbst als Christus bezeichnete. Zu Beginn des Johannes-Evangeliums wird er immerhin ausdrücklich als der »Zeuge des Lichts« bezeichnet. Johannes antwortete nach allen vorliegenden Quellen immer klar und gleich, daß er selbst nicht der Erlöser sei, sondern diesem nur den Weg bereite.

Im Matthäus-Evangelium heißt es zur Taufe, wie sie von Johannes dem Täufer vorgenommen wurde:

> Ich [Johannes] taufe euch mit Wasser zur Buße, der aber nach mir kommt, ist stärker als ich, dem ich auch nicht genüge, seine Schuhe zu tragen: der wird euch mit dem heiligen Geist und mit Feuer taufen. Mt 3,11

Bereits in diesem Vers werden wir vom Evangelisten darauf aufmerksam gemacht, daß es offensichtlich zwei Arten der

Taufe gibt. Eine mit Wasser, die lediglich einen symbolischen Wert besitzt, und eine, die etwas mit einer konkreten Erfahrung des Heiligen Geistes und Feuer zu tun hat. Jesus selbst besteht nun darauf, daß er von Johannes dem Täufer mit Wasser getauft wird, obwohl er selbst später mit dem Heiligen Geist und mit Feuer taufen (lassen) wird:

> . . . Zu der Zeit kam Jesus aus Galiläa an den Jordan zu Johannes, um sich von ihm taufen zu lassen. Aber Johannes wehrte ihm und sprach: Ich bedarf wohl, von Dir getauft zu werden und Du kommst zu mir? Jesus aber antwortete und sprach zu ihm: Laß jetzt also sein, also gebührt es uns, alle Gerechtigkeit zu erfüllen. Da ließ er [Johannes] es ihm [Jesus] zu. Und da Jesus getauft war, stieg er bald heraus aus dem Wasser und siehe, da tut sich der Himmel auf über ihm. Und Johannes sieht den Geist Gottes gleich einer Taube herabfahren und über ihn [Jesus] kommen. Und siehe, eine Stimme vom Himmel sprach herab: Dies ist mein lieber Sohn, an welchem ich Wohlgefallen habe. Mt 3,13-17

Mir scheinen zwei Aspekte an dieser Geschichte bemerkenswert: Jesus, der oft als »Meister« angesprochen wird, unterzieht sich selbst der Wassertaufe, die doch nur Symbolcharakter hat, durch einen Täufer, der sich selbst als spirituell niedriger betrachtet. Warum tat Jesus das? Vielleicht, um zu unterstreichen, daß auch er einen, wenn auch nur stellvertretenden »Heilsmittler« annimmt, um sich selbst nicht als aus eigener Macht vollkommen hinzustellen? Dafür spricht, daß alle Berichte des Neuen Testaments darin übereinstimmen, daß »erst« im Moment der Taufe Jesu der Heilige Geist auf ihn »herniederfuhr«. Bedeutet das, daß Jesus erst von diesem Zeitpunkt an im vollgültigen Besitz der göttlichen Kräfte war? Oder heißt es zumindest, daß erst jetzt seine Aufgabe der öffentlichen Wirksamkeit wirklich begann? Er stand bereits im dreißigsten Lebensjahr, und die Evangelien berichten nichts über seine Entwicklung, sein Leben und sein Wirken bis dahin. Wir müssen diese Fragen stellen, können sie jedoch getrost offen lassen, bis wir einwandfreie Zeugnisse für eine eindeutige Antwort erhalten.

Auch im Markus-Evangelium lesen wir einen fast gleichlautenden Bericht über die Tätigkeit des Johannes und die Taufe Jesu:

> Johannes, der in der Wüste war, taufte und predigte von der Taufe der Buße zur Vergebung der Sünden. Mk 1,4

Und weiter:

> Es kommt einer nach mir, der ist stärker als ich, dem ich nicht genüge, mich zu bücken und ihm die Schuhriemen zu lösen. Ich taufe euch mit Wasser, aber er wird euch mit dem Heiligen Geist taufen. Und es begab sich zur selben Zeit, daß Jesus aus Galiläa von Nazareth kam und ließ sich taufen von Johannes im Jordan. Und alsbald stieg er aus dem Wasser und sah, daß sich der Himmel auftat und den Geist gleich einer Taube herabkommen auf ihn. Und da geschah eine Stimme vom Himmel: Du bist mein lieber Sohn, an dem ich Wohlgefallen habe. Mk 1,7-11

Das Lukas-Evangelium greift die Taufe als ein zentrales Thema am Beginn des öffentlichen Wirkens Jesu ebenfalls auf:

> Und er [Johannes der Täufer] kam in alle Gegend um den Jordan und predigte die Taufe der Buße zur Vergebung der Sünden. Lk 3,3

Auch dem Lukas-Evangelium zufolge wird Johannes gefragt, ob er der zurückgekehrte Elias sei oder ein anderer Prophet oder gar der Messias selbst. Er antwortet:

> Ich taufe euch mit Wasser; es kommt aber ein Stärkerer nach mir, dem ich nicht genüge, daß ich die Riemen seiner Schuhe auflöse. Der wird euch mit dem Heiligen Geist und mit Feuer taufen. Lk 3,16

Wenige Verse weiter heißt es:

> Und es begab sich, da sich alles Volk taufen ließ und Jesus auch getauft war und betete, daß sich der Himmel auftat und der Heilige Geist herniederfuhr in leiblicher Gestalt auf ihn [Jesus] wie eine Taube und eine Stimme kam aus dem Himmel, die sprach: Du bist mein lieber Sohn, an dem ich Wohlgefallen habe. Lk 3,21-22

Schließlich gibt uns das Johannes-Evangelium folgende Auskunft:

> Und die gesandt waren ... fragten ihn [Johannes den Täufer] und sprachen zu ihm: Warum taufst du denn, wenn du weder Christus bist noch Elias noch ein Prophet? Johannes antwortete ihnen und sprach: Ich taufe mit Wasser, aber es ist mitten unter euch getreten, den ihr nicht kennt. Der ist es, der nach mir kommen wird, welcher vor mir gewesen ist, des ich nicht wert bin, daß ich seine Schuhriemen auflöse. Joh 1,24-27

Im Johannes-Evangelium ist in der uns vorliegenden Form übrigens nichts darüber zu lesen, daß Johannes Jesus auf dessen ausdrückliche Bitte getauft habe. Immerhin gibt es jedoch einen indirekten Hinweis darauf, daß Jesus vielleicht an einer kollektiven Taufe im Jordan teilnahm. Denn nachdem eine solche offensichtlich erfolgt ist, erklärt Johannes die wahre Tauf-Vollmacht Jesu:

> Und Johannes zeugte und sprach: Ich sah, daß der Geist herabfuhr wie eine Taube vom Himmel und blieb auf ihm [Jesus] und ich kannte ihn [Jesus] [noch] nicht. Aber der mich sandte zu taufen mit Wasser, derselbe sprach zu mir: Über welchem du sehen wirst den Geist herabfahren und auf ihm bleiben, derselbe ist es, der mit dem Heiligen Geist tauft. Und ich sah es und zeugte, daß dieser ist Gottes Sohn. Joh 1,32-34

Lernen wir nun zunächst weitere Verse im Neuen Testament kennen, die sich mit dem Vorgang der Taufe beschäftigen. In einem anderen Zusammenhang – kurz vor seiner Verurteilung durch Hohepriester und Pilatus bitten zwei Jünger Jesus darum, sie an seinem Schicksal teilhaben zu lassen, um im Reich Gottes später dann Ehrenplätze neben ihm zu erhalten – wird Jesus selbst mit Worten zur Taufe zitiert:

> Aber Jesus antwortete und sprach: Ihr wisset nicht, was ihr bittet. Könnt ihr den Kelch trinken, den ich trinken werde und euch taufen lassen mit der Taufe, mit der ich getauft werde [wurde?]? Sie sprachen zu ihm: Jawohl. Und er sprach zu ihnen: Meinen Kelch sollt ihr zwar trinken und mit der Taufe, mit der ich getauft werde [wurde?], sollt ihr getauft werden. Aber das Sitzen zu meiner Rechten und Linken zu geben steht mir nicht zu, sondern denen es bereitet ist von meinem Vater. Mt 20,22-23

In den Schriften wird nicht ganz klar, ob Jesus von seiner bereits einige Jahre zuvor erfolgten Taufe mit dem Heiligen Geist spricht oder ob er die bevorstehende und ihm im voraus bekannte Kreuzigung als »Taufe« bezeichnet. Nach Matthäus handelt es sich um die Taufe mit dem Heiligen Geist, denn an der haben auch seine Jünger teil. Bei Lukas klingt das anders:

> Aber ich muß mich zuvor taufen lassen mit einer Taufe, und wie ist mir so bange, bis sie vollendet werde! Lk 12,50

Daß die Taufe Jesu im Jordan durch oder zumindest in Anwesenheit von Johannes den Beginn seines öffentlichen Wirkens markiert, berichtet die Apostelgeschichte. Es heißt dort:

> . . . die ganze Zeit über, welche der Herr Jesus unter uns ist aus- und eingegangen von der Taufe Johannis an bis auf den Tag, da er von uns genommen ist . . . Apg 1,21-22

Über den Unterschied zwischen der »Jesus-Taufe« und der »Johannes-Taufe« finden wir in diesem Abschnitt des Neuen Testaments ebenfalls interessante Hinweise. Das folgende Zitat gibt einen Hinweis, daß offenbar auch die Apostel mit dem Heiligen Geist getauft haben:

> Denn Johannes hat mit Wasser getauft, ihr aber sollt mit dem Heiligen Geist getauft werden . . . Apg 1,5

> Da aber die Apostel hörten zu Jerusalem, daß Samaria das Wort Gottes angenommen hatte, sandten sie zu ihnen Petrus und Johannes. Welche [Diese], als sie dahin kamen, beteten über sie [die dort auf sie wartenden Menschen], daß sie den Heiligen Geist empfingen. Denn er war noch auf keinen gefallen, sondern [sie] waren allein getauft in dem Namen Jesu Christi. Da legten sie [die beiden Apostel] die Hände auf sie [jene Menschen in Samaria] und sie empfingen den Heiligen Geist. Apg 8,14-17

Wir haben es hier mit einem höchst aufschlußreichen Zeugnis darüber zu tun, daß nicht nur die Taufe, die Jesus selbst durchführt (mit dem Heiligen Geist und mit Feuer), sondern sogar die Taufe, welche durch seine Apostel und Jünger nach seiner Kreuzigung vollzogen wurde, sich von der Wassertaufe des Johannes fundamental unterscheidet. Die von den Aposteln getauften Menschen empfangen ebenfalls den Heiligen Geist! Eine interessante und für manche Glaubensdoktrin vermutlich wichtige Tatsache wird ebenfalls kurz erwähnt: Die Taufe der Menschen durch die Apostel, bei der sie den Heiligen Geist empfangen, scheint wichtiger und wirksamer zu sein als die »Taufe« im Namen Jesu Christi. Könnte es sein, daß es sich um Menschen handelte, die von Jesus gehört hatten, die auf ihn hofften und an ihn glaubten, nun aber noch der konkreten Verbindung mit dem Heiligen Geist bedurften, welche nur – nach der Kreuzigung Jesu und seiner physischen Abwesenheit – durch die von Jesus beauftragten und dazu mit seiner Kraft erfüllten Apostel und Jünger möglich war?

Daß Jesu Jünger mit einer besonderen Kraft ausgestattet

waren, um seine Botschaft weiterzutragen und seine Aufgabe weiterzuführen, lesen wir auch an anderen Stellen:

> Da Petrus noch diese Worte redete, fiel der Heilige Geist auf alle, die dem Wort zuhörten. Apg 10,44

> . . . habt ihr den Heiligen Geist empfangen, da ihr gläubig geworden seid? Sie sprachen zu ihm: wir haben auch nie gehört, ob ein Heiliger Geist sei. Und er sprach zu ihnen: worauf seid ihr denn getauft? Sie sprachen: auf Johannes' Taufe. Paulus aber sprach: Johannes hat getauft mit der Taufe der Buße und sagte dem Volk, daß sie glauben sollten an den, der nach ihm kommen sollte, das ist an Jesus, der der Christus sei. Da sie das hörten, ließen sie sich taufen auf den Namen des Herrn Jesus. Und da Paulus die Hände auf sie legte, kam der Heilige Geist auf sie und [sie] redeten mit Zungen und weissagten . . . Apg 19,2-6

Mir scheint offensichtlich zu sein, daß die Jünger mit der »Jesus-Taufe«, mit dem Heiligen Geist tauften. Allerdings taten sie dies in Jesu Auftrag, nicht aus eigener Vollmacht. Denn von Christus hatten sie ja erst die Kraft zur Taufe mit dem Heiligen Geist erhalten.

Paulus' Brief an die Epheser erwähnt den Begriff der Taufe noch einmal in eindrucksvoller Weise:

> Ein Herr, ein Glaube, eine Taufe, ein Gott und Vater [unser] aller, der da ist über euch allen und durch euch alle und in euch allen. Eph 4,5-6

Eine eigentümliche Diskrepanz darüber, ob Jesus selbst getauft hat oder nicht, ergibt sich im Johannes-Evangelium. Einmal heißt es:

> Danach kam Jesus mit den Jüngern in das jüdische Land [Judäa] und hatte daselbst sein Wesen mit ihnen und taufte. Joh 3,22

Wenig später berichtet der Text jedoch:

> Da nun der Herr inneward, daß vor die Pharisäer gekommen war, wie Jesus mehr Jünger machte und taufte als Johannes (wiewohl Jesus nicht selbst taufte, sondern seine Jünger), verließ er das Land Judäa ... [Die runden Klammern stehen so bei Luther!] Joh 4,1-4

Die Gelehrten des überkonfessionellen »Jesus Seminars« (internationale Bibelforscher, die sich nur wissenschaftlicher Erkenntnis, nicht irgendwelchen Glaubensvorschriften verpflichtet sehen) gehen davon aus, daß Jesus getauft habe, während der Autor Salibi (siehe Anhang) das nicht meint. Es scheint naheliegend, daß der Vollzug der »Jesus-Taufe« überhaupt nicht und nie mit Wasser vollzogen wurde. Häufig scheint sie jedoch mit dem Auflegen von Händen auf den Kopf zu tun gehabt zu haben. Es wäre denkbar, daß Jesus den äußerlichen Vorgang der Taufe von Beginn an an seine Jünger delegiert hat. Auf jeden Fall erfolgte die Taufe in seinem Auftrag und wurde von einer konkreten Erfahrung des Einströmens des Heiligen Geistes begleitet. Der Auftrag Jesu an seine Apostel zur Taufe taucht mehrfach auf:

> Darum gehet hin und lehret alle Völker und tauft sie im Namen des Vaters, des Sohnes und des Heiligen Geistes... Mt 28,19

> Und [Jesus] sprach zu ihnen: Geht hin in alle Welt und predigt das Evangelium allen Kreaturen. Wer da glaubt und getauft wird, der wird selig werden ... Mk 15,15-16

Das Lukas-Evangelium spricht zwar nicht über die Taufe in Jesu Namen als Auftrag an die Jünger. Im Johannes-Evangelium lesen wir hingegen deutliche Worte:

> Da sprach Jesus abermals zu ihnen: Friede sei mit euch! Gleich, wie mich der Vater gesandt hat, so sende ich euch.

Und als er das sagte, blies er sie an und sprach zu ihnen: Nehmet hin den Heiligen Geist – welchen ihr die Sünden erlasset, denen sind sie erlassen, und welchen ihr sie behaltet, denen sind sie behalten. Joh 20,21-23

Ihr seid jetzt rein um des Wortes willen, das ich zu euch geredet habe. Joh 15,3

Jesus hat seinen Jüngern also definitiv eine Kraft übertragen – »blies er sie an . . . nehmet hin den Heiligen Geist« –, die sie in den Stand versetzte, andere Menschen zu taufen und ihnen Sünden zu erlassen.

Fassen wir zusammen:

Johannes der Täufer hat eine symbolische Wassertaufe vollzogen; selbst Jesus ließ sich taufen. Bei dieser Wassertaufe Jesu passierte etwas: eine Kraft Gottes, der »Heilige Geist« floß in Jesus ein. Jesus ist (deshalb?, erst von diesem Zeitpunkt an?) in der Lage, so das Zeugnis des Johannes, eine sehr viel machtvollere Taufe zu vollziehen als Johannes, nämlich die Taufe mit dem Heiligen Geist und mit Feuer. Jesus trägt seinen Jüngern auf, in seinem Auftrag und mit seiner Kraft andere Menschen zu taufen, aber mit der wirklichen »Jesus-Taufe«, nicht mit der symbolischen Wassertaufe. Diese Taufe läßt den Heiligen Geist auch dann auf die getauften Menschen herniederfahren, wenn Jesus physisch nicht (mehr) anwesend ist und der Taufvorgang durch seine Apostel vollzogen wird. Die Taufe wird meist oder zumindest häufig durch Handauflegen, bisweilen aber auch durch die Übermittlung des Wortes (oder vieler Worte?) wirksam. Diese Taufe verbindet also mit dem Heiligen Geist; außerdem macht sie selig, und sie kann von Sünden befreien.

Im ersten Abschnitt haben wir von den wunderbaren Kräften des *Wortes* gelesen, in diesem ging es um die besondere Kraft einer *Taufe*, bei welcher der Heilige Geist übertragen wird. Im nächsten Abschnitt erfahren wir mehr darüber, wer und was wir Menschen eigentlich sind. Wir kommen damit zu einem Wunder, das nicht geringer ist als jene des ewigen *Wortes* und der wirklichen *Taufe*.

Der Mensch als Tempel Gottes

»Mensch, erkenne dich selbst«, lautete die Inschrift über dem Orakeltempel von Delphi. »Selbsterkenntnis kommt vor Gotterkenntnis«, heißt eine vielzitierte Einsicht der östlichen Spiritualität. »Wer bin ich eigentlich?« werden Sie sich vermutlich immer wieder einmal gefragt haben. Sind wir Menschen nur ein Haufen von Materieteilchen, die sich nach bestimmten Prinzipien in Verbänden organisiert haben, wachsen, sich vermehren und verändern und dann wieder absterben und sich in ihre Bestandteile auflösen? Erleben wir die Vielzahl ständig wechselnder Gefühle und Gedanken als Resultat biochemischer Prozesse im Gehirn und im Körper? Oder sind wir Menschen mehr? Wir haben einen Körper, wir haben Augen und Ohren und ein Gehirn, wir haben Gefühle und Gedanken, aber sind wir nicht etwas anderes, sind wir nicht mehr als dies? Der berühmte, kürzlich verstorbene Philosoph Karl Popper hat in einem seiner letzten Bücher zu Recht die Frage aufgeworfen, ob das Gehirn das Bewußtsein »habe«, oder ob nicht vielmehr das Bewußtsein ein Gehirn habe.

Was ist mit unserem Bewußtsein, mit unserem bewußten Sein? Gibt es etwas in uns, das unveränderlich ist? Falls die Aussage des Johannes-Evangeliums über das *Wort* zutrifft, müßte diese ewige Kraft, die alles geschaffen hat, auch in uns sein – oder nicht? Betrachten wir nun einige Mitteilungen der Bibel zu diesem Thema.

> Wisset ihr nicht, daß ihr der Tempel Gottes seid und der Geist Gottes in euch wohnt? So jemand den Tempel Gottes verderbet, den wird Gott verderben. Denn der Tempel Gottes ist heilig, der seid ihr. 1 Kor 3,16-17

Etwas später lesen wir ähnliches:

> Oder wißt ihr nicht, daß euer Leib ein Tempel des Heiligen
> Geistes ist, der in euch ist und den ihr von Gott habt, und
> daß ihr nicht euch selbst gehört? 1 Kor 6,19

In einer anderen Übertragung liest sich derselbe Vers so:

> Wißt ihr nicht, daß ihr Gottes Tempel seid und der lebendige
> Geist Gottes in euch wohnt?

Danach heißt es:

> Was hat der Tempel Gottes gemein mit den Götzen? Wir
> aber sind der Tempel des lebendigen Gottes, wie denn Gott
> spricht: Ich will in ihnen wohnen und in ihnen wandeln und
> will ihr Gott sein und sie sollen mein Volk sein. 2 Kor 6,16

Moderne Bibeln schreiben leider »unter ihnen« statt »in
ihnen«.

In der Apostelgeschichte steht ausdrücklich, daß Gott
eben nicht in menschgemachten Tempeln wohne:

> Salomon aber baute ihm [Gott] ein Haus. Aber der Aller-
> höchste wohnt nicht in Tempeln, die mit Händen gemacht
> sind. Wie der Prophet spricht: Der Himmel ist mein Stuhl
> und die Erde meiner Füße Schemel. Was wollt ihr mir denn
> für ein Haus bauen? spricht der Herr. Oder welches ist die
> Stätte meiner Ruhe? Hat nicht meine Hand das alles ge-
> macht? Apg 7,47-50

Zu Menschen in Athen spricht Paulus ebenfalls darüber,
daß aus Stein errichtete Gebäude nicht der wahre Tempel
Gottes seien:

> Ich bin [bei euch] hindurchgegangen und habe gesehen eure
> Gottesdienste und fand einen Altar, darauf war geschrieben
> »Dem unbekannten Gott«. Nun verkünde ich euch densel-
> ben [Gott], dem ihr unwissend Gottesdienst tut. Gott, der
> die Welt gemacht hat und alles was drinnen ist, da er ein

Herr ist des Himmels und der Erden, wohnet er nicht in Tempeln mit [von] Händen gemacht . . . Er [Gott] ist nicht ferne von einem jeglichen unter uns, denn in Ihm leben, weben und sind wir. Apg 17,23-24,

Weiter heißt es im Brief an die Epheser:

So seid ihr nun nicht mehr Gäste und Fremdlinge, sondern Bürger mit den Heiligen und Gottes Hausgenossen. Erbaut auf dem Grund der Apostel und Propheten, da [wobei] Jesus Christus der Eckstein ist, auf welchem der ganze Bau ineinandergefügt wächst zu einem heiligen Tempel in dem Herrn, auf welchen auch ihr mit erbaut werdet zu einer Behausung Gottes im Geist. Eph 2,19-22

Daß der menschliche Körper der Tempel Gottes ist, geht unzweifelhaft auch aus folgendem Zitat hervor:

. . . Was zeigst du uns für ein Zeichen . . .? Jesus antwortete und sprach zu ihnen: Brechet diesen Tempel und am dritten Tage will ich ihn aufrichten. Da sprachen die Jünger: Dieser Tempel ist in sechsundvierzig Jahren erbaut, und du willst ihn in drei Tagen aufrichten? Er aber redete von dem Tempel seines Leibes. Joh 2,18-21

All diese Zitate sprechen eine klare Sprache: nicht der äußere Kirchenbau, nicht der aus Stein gebaute Tempel ist die wirkliche Wohnstätte und der wahre Andachtsort Gottes, sondern der Mensch selbst ist es! Wie sollte es auch anders sein, wenn wir daran denken, daß die Schöpfungsgeschichte mitteilt, daß Gott den Menschen »sich zum Bilde« schuf.

Was finden wir in allen Kathedralen, Moscheen, Tempeln und Kirchen aller Religionen? Sie recken sich zum Himmel empor, in ihnen brennt ein »ewiges Licht« oder Öllampen oder Kerzen oder andere Lichter, in ihnen erklingen Glocken oder Muschelhorn oder andere Musik. Im Menschen, der doch der wahre Tempel Gottes sein soll, strahlt ein »Licht in der Finsternis«, allerdings ein ewiges, schattenloses Licht. Im menschlichen Tempel ertönt das ewige göttliche *Wort*.

Im Vorgriff auf einen späteren Abschnitt sei hier schon angemerkt, daß die äußeren Kirchenbauten eine symbolische Nachbildung des inneren Tempels sind. Hier, im Menschen, in uns selbst, auf der Ebene der Seele, können wir des göttlichen Wortes, des ewigen Lichtes und der Himmelsmusik gewahr werden, die uns zu Gott führen. Hier, im menschlichen Körper, können wir die Verbindung zum Heiligen Geist, die wir durch eine wahre Taufe erhalten, pflegen und entwickeln – mit der Gnade Gottes, nicht etwa nur aus eigenem Bemühen! – und so mit ihm eins werden. Die äußeren Tempel hatten ursprünglich den Zweck, auf sichtbare Weise an die rein geistige Wirklichkeit zu erinnern. So sollten und konnten Menschen nicht nur auf der Seelenebene Erfüllung erlangen, sondern auch auf der Ebene von Körper, Gefühl und Verstand der inneren Realität Ausdruck verleihen.

Über diese Offenbarung – daß Gott mit seiner Kraft des Wortes in uns seinen Tempel hat – dürfen wir zum einen dankbar und glücklich sein. Denn das heißt, daß Gott uns nicht fern ist, sondern in uns wohnt. Das heißt, daß es möglich ist, mit ihm eine unmittelbare Verbindung aufzunehmen. Zum anderen weist uns diese Offenbarung jedoch auch auf eine sehr große Verantwortung hin, die wir mit Einsatz und gleichzeitig in Demut erfüllen müssen. Es geht um die Verantwortung, den menschlichen Körper als Tempel Gottes wirklich anzunehmen und sich zu bemühen, das menschliche Leben als Gottesdienst zu führen. Wir schwanken oft zwischen zwei Extremen hin und her: einmal nehmen wir uns zu wichtig und halten uns für besonders klug, ein andermal machen wir uns geringer, als wir sind. Das führt dann entweder zu Überheblichkeit und Selbstgefälligkeit oder zu Minderwertigkeitskomplexen. Im Neuen Testament findet sich eine überraschende Aussage darüber, wer wir wirklich sind, eine Aussage, die wir mit der gebotenen Demut, aber auch mit der Bereitschaft, eine göttliche Wahrheit zu erkennen, annehmen können:

> Ihr seid das Licht der Welt. Mt 5,14

Wer ist das Licht der Welt? Nicht nur Jesus Christus? Sondern auch, so Jesus selbst, jene Jünger, die vom Heiligen Geist ergriffen wurden, die für das Wort auferweckt wurden, die selbst mit dem Heiligen Geist getauft wurden und in Jesu Namen auch andere Menschen taufen, die noch nicht zu ihrer eigentlichen Lichtnatur, zu ihrem ewigen Wesen aufgewacht sind? Alle Menschen sind berufen, Gemeinschaft mit Gott zu pflegen. Wir Menschen sind ein Tempel Gottes, in dem der Geist Gottes wohnt, also können wir damit auch eine bewußte Re-ligio, d.h. eine Rückverbindung aufnehmen. Dazu einige Verse:

> . . . damit ihr seid, wo ich bin, und wo ich hingehe, das wißt ihr und den Weg wißt ihr auch. Joh 14,3-4

Nicht nur die Jünger, sondern jeder einzelne Mensch ist zum Erlebnis Gottes berufen:

> Darum sollt ihr vollkommen sein, gleich wie euer Vater im Himmel vollkommen ist. Mt 5,48

Im ersten Johannes-Brief lesen wir:

> Meine Lieben: wir sind schon Gottes Kinder; es ist aber noch nicht offenbar geworden, was wir sein werden. Wir wissen aber: wenn es offenbar wird, werden wir ihm gleich sein, denn wir werden ihn sehen, wie er ist. 1 Joh 3,2

Bereits im Alten Testament ist davon die Rede, daß die Menschen zumindest von der Schöpfungsanlage her ebenso »heilig« sind wie Gott selbst:

> Und der Herr redete mit Mose und sprach: Rede mit der ganzen Gemeinde der Kinder Israel und sprich zu ihnen:

Ihr sollt heilig sein, denn ich bin heilig, der Herr euer Gott.
3 Mo 19,1-2

Wenn nun also der Mensch der Tempel Gottes ist, wie kann man Gott in sich finden? Wäre es etwa unnütz, in die äußeren Kirchen zu gehen? Keineswegs, jeder Kirchenbesuch kann äußerst nützlich sein – er mag besinnlich stimmen, er kann an hohe Wahrheiten erinnern, die Predigt wird wichtige Themen behandeln; die Gemeinschaft mit anderen Menschen, die sich auch Zeit dafür nehmen, ihr Bewußtsein auf den geistigen Aspekt des menschlichen Lebens zu richten, hilft dem eigenen spirituellen Bemühen. Das sind wertvolle Ansätze der praktizierten Religion. Wie und wo wir jedoch die Verbindung zu Gott ganz unmittelbar aufnehmen können, sagt der Evangelist Johannes so:

Gott ist ein Geist, und die ihn anbeten, müssen ihn im Geist und in der Wahrheit anbeten. Joh 4,24

In der Luther-Bibel steht noch wörtlich »Gott ist ein Geist«, wie oben zitiert; moderne Textfassungen sprechen von »Gott ist Geist . . .«

Fassen wir wieder zusammen:

Nicht ein noch so künstlerisch wertvolles oder auch voller Liebe errichtetes Gebäude aus Holz und Stein, aus Glas und Stahl ist der wahre Tempel Gottes, sondern der menschliche Körper selbst ist es. In diesem menschlichen Körper, der von Gott und nach dem Bilde Gottes geschaffen ist und der aufgrund der Kraft des Wortes Leben hat, und nur hier, erstrahlt ein ewiges Licht und wohnt der Geist Gottes in Gestalt der Seele. In der Finsternis unseres Seelenschlafes haben wir weder uns selbst als Tempel Gottes erkannt, noch vor allem den Geist Gottes in uns wahrgenommen. Die Erfahrung der Taufe mit dem Heiligen Geist erfolgt jedoch in diesem Körpertempel, nirgendwo anders. Wir sollten also

diesem wahren Tempel Gottes mehr Beachtung schenken,
allerdings auf der Ebene des Geistes, weil Gott nur im Geiste
angebetet und erfahren werden kann.

Wie wäre es denn ganz praktisch möglich, das schattenlose
Licht dieses göttlichen Tempels selbst zu erleben, es selbst
zu sehen? Auch dazu finden wir sogar in den kanonischen
Evangelien-Texten erstaunliche Hinweise. Es soll demnach
so etwas wie ein »drittes Auge« geben, ein »Auge der Seele«
oder »Einzel-Auge«, mit dem man nach innen, nach oben
und in die spirituellen Ebenen blicken kann!

Das Einzelauge

Mit den physischen Augen sehen wir die Dinge der Welt, mit den körperlichen Ohren hören wir die Geräusche und Klänge der Welt. Diese sind wie alle Sinnesorgane dem Wandel und der Vergänglichkeit unterworfen. Das *Wort* und das *Licht*, der Heilige Geist und Gott jedoch sind ewig und »fein«. Werden wir sie mit den grobstofflichen, materiellen Mitteln dieses vergänglichen Körpergebäudes wahrnehmen können? Wenn wir ein Tempel Gottes sind, kann der Tempel selbst das Licht Gottes sehen und die Stimme Gottes hören? Ist es der Tempel, der Gott sieht und hört, oder ist es der Geist, die Seele, die das tut? »Gott ist Geist und kann nur im Geiste angebetet werden«, heißt es, und »der lebendige Geist Gottes wohnt in euch«.

Seit alters hören wir von Heiligen und Mystikern, daß es eine Innenschau ohne äußere Augen gäbe, die wir über ein sogenanntes »drittes Auge« selbst erleben können. Lesen wir, was in der Bibel dazu steht:

> Darum soll es dir wie ein Zeichen sein auf deiner Hand und wie ein Merkzeichen zwischen deinen Augen, damit des Herrn Gesetz in deinem Munde sei. 2 Mos 13,9

> ... und sie [die durch Mose gegebenen göttlichen Worte] sollen dir ein Merkzeichen zwischen deinen Augen sein ... 5 Mos 6,8

> So nehmt nun diese Worte zu Herzen und in eure Seele ... und macht sie zum Merkzeichen zwischen euren Augen ... 5 Mos 11,18

Zwischen den Augen gibt es offenbar eine Stelle, an die man ein Merkzeichen machen kann. Dort, zwischen den Augen, siedeln auch alle anderen religiösen Traditionen das *dritte Auge* an. Insofern finden wir also bereits in den ersten Büchern Mose eine Übereinstimmung mit anderen, gleichlautenden Lehren. Daß man Gott sehen und hören kann, teilt Hiob in folgenden Versen mit:

> Und ist meine Haut noch so zerschlagen und mein Fleisch dahingeschwunden, so werde ich doch Gott sehen. Ich selbst werde ihn sehen, meine Augen werden ihn schauen und kein Fremder. Hi 19,26-27

Also selbst dann, wenn der physische Körper aufgelöst ist, sagt Hiob, wird er Gott sehen können. Demnach muß es sich um eine geistige Wahrnehmung ohne physische Sinnesorgane handeln. Er fährt fort:

> Ich habe dich mit Ohren gehöret und mein Auge siehet dich [Gott] nun auch. Hi 42,5

Eine andere Bibelfassung bietet folgende Übertragung desselben Verses an:

> Ich hatte von dir nur vom Hörensagen vernommen, aber nun hat mein Auge dich gesehen.

Gott zu schauen ist keine Metapher eines Wunsches, sondern eine erreichbare Wirklichkeit:

> Ich aber will schauen dein Antlitz in Gerechtigkeit, ich will satt werden, wenn ich erwache, an deinem Bilde. Ps 17,15

Diese Wirklichkeit erfüllt sich jedoch erst dann, wenn der Mensch »erwacht« ist. Bis dahin scheint das Licht Gottes in der Finsternis des Tempels Gottes, ohne daß der im Tempel lebende menschliche Geist dies alles erfährt. Wie erwachen wir? Durch die Taufe mit dem Heiligen Geist? Durch die Öffnung des dritten Auges?

Im Neuen Testament wird das Thema des dritten Auges mehrfach und sehr klar angesprochen:

Das Auge ist des Leibes Licht. Wenn dein Auge einfältig ist, so wird dein ganzer Leib licht sein. Wenn aber dein Auge ein Schalk ist, so wird dein ganzer Leib finster sein. Wenn aber das Licht, das in dir ist, Finsternis ist, wie groß wird dann die Finsternis selber sein? Mt 6,22-23

In manchen neueren Bibeln heißt es leider sehr viel ungenauer nur noch: »Wenn dein Auge lauter ist, so wird dein ganzer Leib licht sein«, und: »wenn aber dein Auge böse ist . . .« oder: »wenn aber dein Auge schlecht ist. . .«

Jedoch druckt auch die englische *King James-Ausgabe*:

> . . . when thine eye be single, thy whole body also is full of light. Mt 6,22-23

Hier wird also ebenfalls vom »einzelnen Auge« gesprochen. In anderem Zusammenhang taucht das Einzelauge erneut auf:

> Und wenn dich dein Auge zum Abfall [von Gott in dieser Welt der Verführungen] verführt, reiß es aus und wirf's von dir. Es ist besser für dich, daß du einäugig zum Leben eingehst, als daß du zwei Augen hast und wirst in das höllische Feuer geworfen. Mt 18,9

In diesem Text ist, so die mystische Auslegung, nicht etwa gemeint, sich buchstäblich ein Auge herauszureißen. Vielmehr blicken wir mit dem Einzelauge oder dritten Auge in das wahre, ewige Leben und erfahren unsere Geistnatur, während unsere zwei physischen Augen eben nur die schimärenhafte Relativität der Außenwelt wahrnehmen können. Über das göttliche Licht, das wir mit dem Auge der Seele – und nur mit diesem – wahrnehmen können, steht im Lukas-Evangelium nachzulesen:

> Niemand zündet ein Licht an und setzt es an einen heimlichen Ort, auch nicht unter einen Scheffel, sondern auf den Leuchter, auf daß, wer dahin eingeht, das Licht sehe. Das

Auge ist des Leibes Licht – wenn nun dein Auge einfältig ist, so ist dein ganzer Leib licht. So aber dein Auge ein Schalk sein wird, so ist auch dein Leib finster. So schaue darauf, daß nicht das Licht in dir Finsternis sei. Wenn nun dein Leib ganz licht ist, daß er kein Stück von Finsternis [mehr] hat, so wird er ganz licht sein und wird dich erleuchten wie ein heller Blitz. Lk 11,33-36

Etliche Puzzleteilchen fügen sich also bereits zusammen: Das *Wort* scheint in der Finsternis, und die Finsternis hat's nicht ergriffen. Wenn der Mensch aber erkennt, daß er der Tempel Gottes ist und in ihm das göttliche, lebensspendende Licht scheint, so kann er dieses Licht über das Einzelauge, das dritte Auge, unmittelbar wahrnehmen! Auch in der Johannes-Offenbarung finden wir Hinweise darauf, wie wesentlich das dritte Auge ist. Das apokalyptische Gericht erstreckt sich dort nicht auf alle Menschen, es ereignet sich

. . . allein den Menschen, die nicht das Siegel Gottes haben an ihren Stirnen. Off 9,4

Tut der Erde und den Bäumen und dem Meer keinen Schaden, bis wir versiegeln die Knechte Gottes an ihren Stirnen. Und ich hörte die Zahl derer, die versiegelt wurden: hundertvierundvierzigtausend, die versiegelt waren aus allen Stämmen Israels . . . Off 7,3-4

Sie werden sein Angesicht sehen und sein Name wird an ihren Stirnen sein. Off 22,4

Im Alten Testament war von einem Merkzeichen auf der Stirn zwischen den Augen die Rede, die Evangelien bezeichnen diese geheimnisvolle Stelle auf der Stirn als das Einzelauge. In der Johannes-Offenbarung wird es noch etwas rätselhafter, weil ausgewählte Menschen nun an ihrer Stirne versiegelt werden. Sicher ist, daß es dort zwischen den Augen im Tempel Gottes einen bemerkenswerten »Ort« gibt, ein »Allerheiligstes«, der einerseits erlaubt, daß die betreffende menschliche Seele das in ihr wohnende göttliche Licht wahrnimmt und andererseits über eine Versiegelung dieses Orts einen besonderen Schutz erfährt. Darüber hinaus steht dort dann sein (Christi und/oder Gottes) Name.

Die Bibel spricht nun nicht nur vom inneren Schauen, sondern auch vom inneren Hören:

> Der Herr hat mir eine gelehrte Zunge gegeben, daß ich wisse, mit dem Müden zu rechter Zeit zu reden. Er weckt mich jeden Morgen, Er weckt mir das Ohr, daß ich höre wie ein Jünger. Der Herr, der Herr hat mir das Ohr geöffnet und ich bin nicht ungehorsam und gehe nicht zurück. Jes 50,4-5

Um welches Ohr mag es sich da handeln? Sicher nicht um die physischen Ohren, eher um die Wahrnehmungsfähigkeit der Seele von inneren Klängen, von der *stillen Stimme Gottes*. Obwohl das innere Hören und die Entsiegelung des inneren Ohres einige Male erwähnt wird, steht nach Anzahl und Einzelheiten in der Beschreibung das Einzelauge und seine Merkmale stärker im Vordergrund. Wie man ab Seite 157 im sogenannten geheimen oder inneren Markus-Evangelium nachlesen kann, mag das damit zusammenhängen, daß es eine innere Lehre gab, die eben nicht zu Papier gebracht wurde. Dieser Text ist ein authentisches zusätzliches Fragment des Markus-Evangeliums, das erst in unserem Jahrhundert entdeckt wurde und zugeordnet werden konnte.

Der Weg nach innen über das Einzelauge ist ein besonderer Weg. Um ihn zu gehen, müssen wir unsere Aufmerksamkeit von der Welt und den vielfältigen Dingen der Welt abziehen und sie nach innen, auf die geistige Welt richten. Das ist jedoch gar nicht so einfach:

> Gehet ein durch die enge Pforte, denn die Pforte ist weit und der Weg ist breit, der zur Verdammnis hinabführt, und solche [Menschen] gibt es viele, die darauf wandeln.

Und die Pforte ist eng und der Weg ist schmal, der zum Leben führt, und wenige sind es, die ihn finden. Mt 7,13-14

Das »Leben«, von dem hier geschrieben wird, ist identisch mit dem *Licht* und dem *Wort* des Johannes-Evangeliums. Die »Verdammnis« besteht darin, daß wir, wenn wir unser Herz (nur) an die vergänglichen irdischen Formen und die vorübergehenden irdischen Erfahrungen hängen, sozusagen auf Sand gebaut haben werden. Diese Pforte und dieser Weg in die vermeintliche Fülle der Welt ist zwar sehr einladend, aber führt eben nicht dazu, daß sich die Seele ihrer göttlichen Herkunft und ihres ewigen Lebens bewußt wird. Welche innere Haltung mit der Einkehr durch die enge Pforte des dritten Auges verbunden ist, beschreibt Jesus im Gleichnis vom Reichen:

Liebe Kinder, wie schwer ist es, daß die, welche ihr Vertrauen auf Reichtum setzen, ins Reich Gottes kommen. Es ist leichter, daß ein Kamel durch ein Nadelöhr geht, denn daß ein Reicher ins Reich Gottes komme. Mk 10,24-25

Modernisierte Übertragungen schreiben: »Wie schwer werden die Reichen in das Reich Gottes kommen« anstatt: »Wie schwer ist es, daß die, welche ihr Vertrauen auf Reichtum setzen . . .« Die Ursprungsfassung ist deutlicher: Wenn ich auf »meinen« Reichtum vertraue – sei es an Geld, an Besitz, an Wissen, an Verstand, an Gefühlen –, dann baue ich auf etwas, das vergänglich ist. Verhaftet an das Vergängliche, kann ich nicht ins Reich Gottes eintreten, weil diese Pforte so eng und der Weg dorthin so schmal ist, daß ich nur als Seele, als »Geist«, entkleidet meiner Ichhaftigkeit und der falschen Identifikation mit dem, was keinen Bestand hat, durch die Pforte hindurchschreiten und dann auf dem Weg weitergehen kann. In den Psalmen gibt es ebenfalls Hinweise auf eine sonst offenbar nicht übliche Art, sich für Gott zu öffnen:

Macht die Tore weit und die Türen in der Welt hoch, daß der König der Ehren einziehe. Ps 24,7

Das mag noch nicht recht einleuchten . . . In der englischen Ausgabe lesen wir denselben Psalm anders, nämlich wörtlich übersetzt so:

> Erhebt eure Häupter [Köpfe], o ihr Tore; und seid erhoben, ihr immerwährenden Türen, und der König der Herrlichkeit wird hereinkommen. Ps 24,7

Was heißt das, »erhebt eure Häupter«? Wo unsere Aufmerksamkeit ist, dort ist unser Bewußtsein. Wenn wir nach oben, nach innen, ins Göttliche blicken und unsere Seele für das Licht und das Wort öffnen, wenn wir durch das Tor des dritten Auges hindurchblicken, dann erst, wenn wir uns bereit gemacht haben und in die »richtige Richtung« schauen, kann der »König der Herrlichkeit« in uns einziehen.

Halten wir erneut einige Gedanken fest:

> *Die Bibel erwähnt wiederholt und eindeutig, daß es möglich ist, Gott und das göttliche Licht zu schauen. In der Bibel spielt die Region zwischen den beiden physischen Augen immer wieder eine bedeutsame Rolle. Im Neuen Testament finden wir genügend Hinweise auf das sogenannte Einzelauge, um davon auszugehen, daß die Evangelisten gemeint haben, was sie aufschrieben: Es gibt ein drittes Auge, mit dem wir das innere Licht wahrnehmen können, jenes Licht, das den Menschen leuchtet. Ein ähnliches Phänomen wie das Sehen mit dem Einzelauge scheint es auch in bezug auf das Wort bzw. die »Stimme Gottes« im Zusammenhang mit dem inneren Hören zu geben. Der Weg zum dritten Auge bzw. durch das dritte Auge ist nicht einfach, denn er erfordert, daß wir alles, was nicht ewig an uns ist, hinter uns lassen müssen, wenn wir dort eintreten möchten.*

Ich möchte noch auf die »Versiegelung« an den Stirnen eingehen, über die in der Johannes-Offenbarung geschrieben wird. Ich meine, daß es sich bei den 144 000 Menschen, die an der Stirn versiegelt sind und deshalb nicht dem apokalyptischen Strafgericht unterzogen, sondern vielmehr errettet werden, um jene Menschen handelt, die von Jesus selbst oder mit seiner Vollmacht mit dem Heiligen Geist getauft wurden. Ich glaube, daß es die Menschen sind, deren drittes Auge geöffnet wurde und die eine eigene Verbindung mit dem inneren Licht und dem Wort erhalten haben. Ihre Seele wurde, so meine ich, von Christus angenommen und auf den Weg der Seele zu Gott gestellt. Ihr geöffnetes drittes Auge, durch welches sie die unmittelbare Schau des ewigen Lichts erfahren durften, wirkt wie ein Siegel, das sie als von Christus erwählt kennzeichnet.

Dies war eine erste Bekanntschaft mit Zitaten aus der Heiligen Schrift darüber, daß ein drittes Auge überhaupt existiert. Wenden wir uns nun weiteren Aussagen der Bibel zum inneren Sehen und Hören zu.

Offenbarungen des inneren Lichts
und der inneren Musik

»Sehet zu, daß das Licht in euch nicht Finsternis ist«, mahnt uns das Evangelium. Offenbar war zahlreichen Autoren der Bibel das innere Sehen und Hören ohne die Sinnesorgane bekannt. Im Alten Testament finden wir zum Beispiel diese Aussagen:

> Zu der Zeit werden die Tauben hören die Worte des Buches, und die Augen der Blinden werden aus Dunkel und Finsternis sehen . . . Jes 29,18

> . . . deine Augen werden deinen Lehrer sehen. Deine Ohren werden hinter dir das Wort hören, dies ist der Weg, den geht! Sonst weder zur Rechten noch zur Linken. Jes 30,20-21

Was können Taube hören? Was können Blinde sehen? Doch nichts, was sie mit ihren tauben und blinden körperlichen Sinnesorganen wahrnehmen. Es muß sich also um eine andere Form der Wahrnehmung handeln, um die innere, geistige Schau auf der Seelenebene. Die Mehrheit der Menschen ist allerdings (noch) unfähig oder unwillig, sich den zwar unsichtbaren, aber doch selbst erlebbaren Wahrnehmungsweisen und Wirklichkeiten zuzuwenden:

> Hört zu, ihr tolles Volk, das keinen Verstand hat, die da Augen haben und sehen nicht, Ohren haben und hören nicht! Wollt ihr mich nicht fürchten, spricht der HERR . . . Jer 5,21-22

Erneut wird deutlich, daß es nicht um die Fähigkeit geht, mit den beiden normalen körperlichen Augen und Ohren zu sehen und zu hören. Denn diese Organe besitzen ja auch jene

Menschen, die in diesem Vers bei Jeremias erwähnt werden. Aber sie sehen und hören trotzdem nicht. Diese Aussage wird verständlich, wenn man sie auf das innere Sehen und das innere Hören bezieht. Lesen wir weitere Bibelworte, später auch aus dem diesbezüglich noch aufschlußreicheren Neuen Testament. Was nun sollen wir Menschen denn sehen und hören, was unsere physischen Augen und Ohren offenbar nicht wahrnehmen? In den Psalmen finden wir in einer deutschen Ausgabe folgende Eintragung:

> Wohl dem Volk, das jauchzen kann, Herr, sie werden im Licht deines Antlitzes wandeln. Ps 89,16

In der englischen Ausgabe ist die Zählung anders, dort finden wir den gleichen Spruch unter Ps 89,15. Allerdings erfolgt die Übertragung doch mit recht anderen Worten:

> Wohl dem Volk [oder: gesegnet das Volk], das den fröhlichmachenden [oder: glücklichmachenden] Klang kennt; o Herr, sie werden im Licht deines Antlitzes wandeln.

Was ist das für ein fröhlich stimmender oder beglückender Klang oder Ton? Ist es die *leise Stimme Gottes*? Ist es das *Wort*? Ist es das, was andere Mystiker die »Musik der Sphären« oder die Himmelsmusik nennen? Ist es eine Ausdrucksform des Heiligen Geistes? Fest steht, daß Klang oder Ton sowie das häufig erwähnte Licht bereits in den Psalmen auftauchen. Schade, daß die deutsche Übertragung die ursprüngliche Bedeutung so stark in ein äußerliches »Jauchzen« entfremdet hat – vermutlich aufgrund eines mangelnden Verständnisses für die mystische Wirklichkeit der Aussage.

Wenden wir uns nun Aussagen der Apostel des Neuen Testaments zu:

> Und diese sind es, die auf ein gutes Land gesät sind: Die das Wort hören und es annehmen . . . Wer Ohren hat, der höre . . . Mk 4,20,24

Das Wort hören und es annehmen: dabei kann es sich gar nicht um aus Menschenmund gesprochene Wörter handeln, denn dazu würden die normalen Ohren und der normale Geist ja wohl ausreichen. Warum läßt Markus Jesus mahnen, »Wer Ohren hat, der höre . . .«? Wer hätte denn keine Ohren? Auch hier ist meiner Meinung nach die Rede nicht von den physischen Ohren, sondern vom »inneren Ohr«, das ja erst »entsiegelt« werden muß, genau wie das innere oder dritte Auge erst geöffnet werden muß. Daß eine solche Öffnung erst erfolgen muß, bevor wir so sehen, wie Jesus es von uns fordert, beschreiben folgende Verse aus der Apostelgeschichte:

> . . . unter welche ich dich sende, aufzutun ihre Augen, daß sie sich bekennen von der Finsternis zu dem Licht [alternativ: daß sie erkennen das Licht in der Finsternis] und [sich wenden] von der Gewalt des Satans zu Gott, zu empfangen Vergebung der Sünden und das Erbe samt denen, die geheiligt werden durch den Glauben an mich. Apg 26,18

Die Augen der Menschen, an die sich die Apostel wenden, um sie zu einem geistigen Leben zu bekehren, müssen zunächst »aufgetan«, also geöffnet werden. Die Kraft des *Wortes*, die Kraft des Heiligen Geistes, offenbart sich jedoch, wie wir inzwischen wissen, nicht nur als Licht, sondern auch als Ton:

> Und plötzlich kam ein Ton [»sound«] vom Himmel wie von einem rauschenden mächtigen Wind und erfüllte das gesamte Haus, wo sie saßen . . . und sie wurden alle erfüllt vom Heiligen Geist und begannen, in anderen Zungen zu sprechen . . . Apg 2,2-3

So die Übertragung aus der *King James-Ausgabe*. In deutschen Bibeln finden wir die Entsprechung zum Wort »sound«, d.h. Ton oder Klang, leider nicht mehr wieder, statt dessen lesen wir: »Und es geschah plötzlich ein Brausen vom Himmel . . .« Der Begriff Brausen ist offensichtlich weniger deutlich als der Begriff »sound«.

Die Tatsache, daß es immer wieder um zweierlei Wahrnehmung geht, um das Sehen und Hören der Welt mit den weltlichen Sinnesorganen und um die Erfahrung einer anderen, inneren und dennoch genauso »wirklichen« Ebene des wahren geistigen Lebens andererseits, wird auch von den folgenden Aussagen unterstrichen:

> Und die Jünger traten zu ihm und sprachen: warum redest du zu ihnen durch Gleichnisse? Er antwortete und sprach: Euch ist es gegeben, daß ihr das Geheimnis des Himmelreichs vernehmet. Diesen aber ist es nicht gegeben. Denn wer da hat, dem wird gegeben, daß er die Fülle habe. Wer aber nicht hat, von dem wird auch genommen, das [was] er hat. Darum rede ich zu jenen durch Gleichnisse, denn mit sehenden Augen sehen sie nicht und mit hörenden Ohren hören sie nicht, noch verstehen sie es. Und an ihnen wird die Weissagung Jesajas erfüllt, die da sagt: Mit den Ohren werdet ihr hören und werdet es nicht verstehen; und mit sehenden Augen werdet ihr sehen und werdet es nicht vernehmen. Denn das Herz dieses Volks ist verstockt, und ihre Ohren hören übel und ihre Augen schlummern, auf daß sie nicht [einmal] dermaleinst mit den Augen sehen und mit den Ohren hören und mit dem Herzen verstehen und sich bekehren, daß [damit] ich ihnen hülfe. Aber selig sind eure Augen, daß sie sehen und eure Ohren, daß sie hören. Wahrlich, ich sage euch, viele Propheten und Gerechte haben begehrt zu sehen, was ihr seht und haben es nicht gesehen, und zu hören, was ihr hört und haben es nicht gehört. Mt 13,10-18

Neuere Bibelfassungen lauten »die Geheimnisse des Himmelreichs zu verstehen« anstatt »das Geheimnis des Himmelreichs zu vernehmen«, »mit sehenden Augen . . . nicht erkennen« anstatt »mit sehenden Augen . . . nicht vernehmen«. Darin wird wieder sichtbar, daß die mystische

Grundbedeutung der Aussage Jesu – nämlich, daß es ein Geheimnis des Himmelreichs gibt, das man unmittelbar wahrnehmen kann – verloren ging und an ihrer Stelle nun ein nur noch gedankliches Verstehen offensichtlich zahlreicher Geheimnisse stehen soll. »Verstehen« ist ein indirekter mentaler und rationaler Vorgang, »vernehmen« ist dagegen ein direkt erlebtes Geschehen. Unmittelbar selbst erlebte Ereignisse überzeugen einen bekanntlich mehr, als wenn man versucht, über Dinge, von denen man nur gehört hat, ausschließlich vom Intellekt her nachzudenken.

Was meint Jesus wohl mit dem Ausspruch: Wer hat, dem wird gegeben, wer nicht hat, dem wird auch noch das Wenige genommen, das er hat? Meiner Auffassung nach spricht er davon, ob ein Mensch die innere Verbindung mit dem *Wort* erhalten, ob er die Taufe mit der Kraft des Heiligen Geistes erfahren hat. Wer diese Gnade erfahren hat, bekommt immer mehr und mehr – mehr Liebe und Segen durch die Christus-Kraft, mehr Hilfe auf dem Weg bei der Erfüllung der irdischen Aufgaben und vor allem weitere Offenbarungen der ewigen Wahrheiten Gottes durch das Licht, das nun nicht mehr unerkannt in der Finsternis scheint, sondern als »Lebensstrom« erkannt wird. Menschen, die mit der Christus-Kraft verbunden sind und sie nun »haben«, erleben die Wirksamkeit des göttlichen *Wortes*, das Wunder des ewigen Lebens, die Gnade, daß sich die bewußte Seele als Kind Gottes erleben kann und an seiner Vollkommenheit teilhaben darf: *Seid vollkommen, wie euer Vater im Himmel vollkommen ist.*

Wer nicht »hat«, wer das *Wort* nicht in seiner Kraft erlebt, wessen Stirn kein »Merkzeichen« zwischen den Augen trägt, wo das Licht zwar scheint, aber von der Finsternis nicht wahrgenommen wird, wer noch nicht das Einzelauge entdeckt hat, dessen bewußte Wahrnehmung den ganzen Leib licht werden läßt, wer nicht die lebenserhaltende und den irdischen Tod überwindende Kraft des ewigen und beseligenden Heiligen Geistes durch die Gnade des Gottes-

sohnes oder eines von ihm beauftragten und bevollmächtigten Apostels empfangen hat – dem wird auch das Wenige
genommen, was er hat. Dem wird Hab und Gut, Familie
und Freunde, Gesundheit und Leben »genommen«. Denn
er kennt nur diese »Werte«, kann sich nur an ihre relative
Gültigkeit klammern – und wenn sie dann fortfallen, so fällt
auch ein solcher Mensch »fort« – weil er die Re-ligio, die
bewußte Verbindung mit der zeitlosen Wirklichkeit (noch)
nicht erhalten hat. Es ist ein besonderer Vorzug, in das
Geheimnis des inneren Sehens und Hörens eingewiesen
worden zu sein, wie im Matthäus-Evangelium ausdrücklich
hervorgehoben wird:

> Wahrlich, ich sage euch: viele Propheten und Gerechte
> haben begehrt, zu sehen, was ihr seht, und haben's nicht
> gesehen, und zu hören, was ihr hört, und haben's nicht
> gehört. Mt 13,17

Nicht prophetische Gaben oder eine besonders vorbildliche
Lebensführung, sondern das Angenommensein durch
Christus befähigt einen, das zu sehen und zu hören, was
den begrenzten Sinnesorganen verborgen bleibt. Versuchen
wir einmal »probehalber«, immer dann, wenn in den folgenden Auszügen der Begriff Licht erscheint, ihn wörtlich
zu nehmen:

> In ihm war das Leben, und das Leben war das Licht der
> Menschen. Und das Licht scheint in der Finsternis und die
> Finsternis hat's nicht ergriffen. Joh 1,5-6

> Ich bin das Licht der Welt. Wer mir nachfolgt, der wird nicht
> wandeln in der Finsternis, sondern wird das Licht des
> Lebens haben. Joh 8,12

> Niemand zündet ein Licht an und setzt es in einen Winkel,
> auch nicht unter einen Scheffel, sondern auf den Leuchter,
> damit, wer hineingeht, das Licht sehe. Dein Auge ist das
> Licht des Leibes. Wenn nun dein Auge lauter [Luther

schreibt wieder ›einfältig‹, auch die *King James*-Ausgabe spricht von ›single eye‹] ist, so ist dein ganzer Leib licht . . . Lk 11,33-34

Der euch berufen hat von der Finsternis zu seinem wunderbaren Licht. 1 Petr 2,9

Dein Wort ist meines Fußes Leuchte und ein Licht auf meinem Wege. Ps 119,105

Im Klartext heißt das für den Mystiker: In uns Menschen lebt der göttliche Funke oder die Seelenkraft, und sie ist für das innere Auge als Licht erfahrbar. Die »enge Pforte« des nächsten Textes bezieht sich auf das dritte Auge:

Geht hinein durch die enge Pforte. Denn die Pforte ist weit, und der Weg ist breit, der zur Verdammnis führt, und viele sind's, die auf ihm hineingehen. Wie eng ist die Pforte und wie schmal der Weg, der zum Leben führt, und wenige sind's, die ihn finden! Mt 7,13-14

Da redete Jesus abermals zu ihnen und sprach: Ich bin das Licht der Welt. Wer mir nachfolgt, der wird nicht wandeln in der Finsternis, sondern wird das Licht des Lebens haben. Joh 8,12

Das *Wort* Gottes, das sich in innerem Licht und Klang oder Sphärenmusik ausdrückt, gibt uns wahres Leben, nämlich bewußtes Seelenleben und geistige Selbsterkenntnis:

. . . und [Gott] speiste dich mit Manna, das du und deine Väter nie gekannt hatten, auf daß er dir kundtäte, daß der Mensch nicht lebt vom Brot allein, sondern von allem, was aus dem Mund des Herrn geht. 5 Mos 8,3

Er aber antwortete und sprach: Es steht geschrieben: ›Der Mensch lebt nicht vom Brot allein, sondern von einem jeden Wort, das aus dem Mund Gottes geht.‹ Mt 4,4

Es gibt einen klaren Auftrag von Jesus an seine von ihm in die Geheimnisse des inneren Worts, des Heiligen Geistes, des lebendigen Lichtes eingeweihten Jünger:

> Es ist nichts verborgen, das nicht offenbar werde, und es ist nichts heimlich, das man nicht wissen wird. Was ich euch sage in der Finsternis, das redet im Licht; und was ihr höret im Ohr, das predigt auf den Dächern. Mt 10,26-27

> Im Anfang war das Wort, und das Wort war bei Gott, und Gott war das Wort ... In ihm war das Leben. ... Joh 1,1-4

Wieder wollen wir zusammenfassen:

> *Die Bibel weist uns mehrfach im Alten und im Neuen Testament darauf hin, daß es etwas gibt, was die körperlichen Augen und Ohren nicht wahrnehmen können. Die entsprechenden Verse betonen jedoch, daß dieses »Etwas« besonders bedeutsam und erstrebenswert sei. Man kann diese überweltliche Wirklichkeit »sehen« und »hören«, allerdings mit der Wahrnehmungsfähigkeit des inneren Menschen, als bewußt gewordene, aus ihrem »Schlaf der Finsternis« erweckte Seele. Dazu müssen die Augen und die Ohren »aufgetan« werden. Dieses »Licht des Lebens« ist eine persönlich, individuell und unmittelbar erlebbare Realität, die nicht »Propheten« oder »Gerechten« zusteht, sondern nur jenen, die von der Christus-Kraft »getauft«, »eingeweiht« bzw. »angenommen« worden sind.*

Kommen wir als nächstes zu einem besonders schwierigen Themenkreis, schwierig vor allem deshalb, weil nur die Geburt eine für uns alle nachvollziehbare Tatsache darstellt, der Tod meist jedoch als der größte Feind des Menschen gilt, und die Möglichkeit der Wiedergeburt und/oder der Auferstehung stark umstritten ist.

Geburt und Tod, Wiedergeburt und Auferstehung

Mystiker aus allen religiösen Traditionen sprechen davon, daß es nicht nur eine Geburt gibt, sondern zwei. Manchmal lesen wir sogar, daß es nicht nur einen Tod gäbe, sondern zwei. Während gläubige Christen eine Auferstehung zumindest des Geistes, der individuellen Bewußtheit der Seele in einem Reich Gottes erhoffen und erwarten, gehen andere Lehren von einer Wiedergeburt der Seele auf der Erde in verschiedenen Körpern und Umständen aus, eine Wiedergeburt, die so lange wiederholt wird, bis die Seele »rein« genug ist, um wieder endgültig in das »Reich Gottes« einzugehen, aus dem sie ursprünglich stammt.

Widmen wir uns in diesem Abschnitt dem, was die Bibel uns zu diesen schwierigen und teils auch heiklen Themen zu sagen hat. Im Gespräch mit Nikodemus enthüllt Jesus wichtige Wahrheiten (der Deutlichkeit der Aussagen wegen habe ich Absätze gebildet):

[Nikodemus] kam zu Jesus bei Nacht und sprach zu ihm: Meister, wir wissen, du bist ein Lehrer, von Gott gekommen; denn niemand kann die Zeichen tun, die du tust, es sei denn Gott mit ihm.

Jesus antwortete und sprach zu ihm: Wahrlich, wahrlich, ich sage dir: Es sei denn, daß jemand von neuem geboren werde, so kann er das Reich Gottes nicht sehen.

Nikodemus spricht zu ihm: Wie kann ein Mensch geboren werden, wenn er alt ist? Kann er denn wieder in seiner Mutter Leib gehen und geboren werden?

Jesus antwortete: Wahrlich, wahrlich, ich sage dir: Es sei denn, daß jemand geboren werde aus Wasser und Geist, so kann er nicht in das Reich Gottes kommen. Was vom Fleisch geboren ist, das ist Fleisch; und was vom Geist geboren ist, das ist Geist. Wundere dich nicht, daß ich dir gesagt habe: Ihr müßt von neuem geboren werden. Joh 3,2-7

Somit gibt es nach Aussage des Neuen Testaments ein persönliches Zeugnis von Jesus, daß der Mensch zwei Geburten erleben muß, eine materielle und eine spirituelle. Diese Geburt aus dem Geist bringt mit sich, wie Jesus auch an dieser Stelle betont, daß der Mensch das Reich Gottes dann »sehen« können wird, daß er also eine eigene Schau erlangt. Die »Dualität« des Menschen – nicht nur Jesu Christi, sondern jedes Menschen! – ist ein Thema, das auch andere Bibelworte mit großer Eindringlichkeit behandeln. Manche Forscher sehen hier übrigens Parallelen zur sogenannten »Initiation« auf Meditationswegen, beginnend mit den Einweihungsriten des alten Ägypten über die eleusinischen Mysterien Griechenlands zu der Verbindung mit »Kalma« oder »Kalam«, dem Wort der Sufi-Mystiker und dem Öffnen des dritten Auges auf indischen und tibetischen Bewußtseinswegen. Was ist der Mensch? Ist er Materie, ist er nur Materie?

Verflucht sei der Acker deinetwegen, mit Kummer sollst du dich darauf nähren ein Leben lang, Dornen und Disteln soll er dir tragen und [du] sollst das Kraut auf dem Felde essen. Im Schweiße deines Angesichts sollst du dein Brot essen, bis daß du wieder zu Erde wirst, aus der du genommen bist, denn du bist Erde und sollst zu Erde werden. 1 Mos 3,17-19

In der *King James-Fassung* schließt dieser Abschnitt poetischer und dabei dramatischer mit »Staub bist du und zu Staub sollst du wieder werden«. Das Bibelwort enthält zwei wichtige Mitteilungen, eine über die Ernährung (darauf gehen wir in einem anderen Kapitel später ein) und die andere über die körperliche Seite des Menschen. Anscheinend ein Widerspruch, daß wir Gottes Geschöpfe sein und dann dennoch nur zu Erde und Staub zerfallen sollen, nicht wahr? Übrigens kein Wort von einer »Auferstehung« des in seine irdischen Bestandteile zerfallenen Menschenkörpers.

Zur Frage der Körperlichkeit und der Geistigkeit, zur »Dualität«, gerade auch im Zusammenhang mit Adam als prototypischem, »erstgeschaffenem« oder erstem Menschen, gibt der Erste Korintherbrief uns folgende Aufklärung:

> Und es gibt himmlische Körper und irdische Körper, aber eine andere Herrlichkeit haben die himmlischen und eine andere die irdischen [Körper]. Eine andere Klarheit [Glanz] hat die Sonne, eine andere Klarheit hat der Mond, eine andere Klarheit haben die Sterne. Denn ein Stern übertrifft den anderen an Klarheit. 1 Kor 15,40

> Wie geschrieben steht: Der erste Mensch Adam ist gemacht ins natürliche Leben und der letzte Adam ins geistliche Leben. Der erste Mensch ist von der Erden und irdisch, der andere Mensch ist der [Herr] vom Himmel. Wie der Irdische [Mensch?] ist, so sind auch die Irdischen [Körper?], und wie der Himmlische [Mensch, Herr?] ist, so sind auch die Himmlischen [Körper, Menschen?]. Und wie wir das Bild des Irdischen [Menschen?] getragen haben, so werden wir auch das Bild des Himmlischen [Menschen, Herrn?] tragen. 1 Kor 15,45-49

Der Text oben ist aus der ursprünglichen Luther-Bibel zitiert. Andere Bibeln übertragen anders, nämlich: »Der erste Mensch Adam ist gemacht eine lebendige Seele . . .« Wir erhalten in diesen Worten den eindeutigen Aufschluß, daß es zwei Körper gibt und zwei Leben. Das alttestamentarische »Staub zu Staub« kann sich also nur auf den materiellen Körper und das irdische Leben beziehen. Für den

»himmlischen Körper« und das »geistliche Leben« gilt offensichtlich etwas anderes. Lesen wir im 15. Kapitel des Ersten Korinther-Briefs den Gesamtzusammenhang:

> Möchte aber jemand sagen: Wie werden die Toten auferstehen und mit welcherlei Leibe werden sie kommen? Du Narr: Was du säest, wird nicht lebendig, es sterbe denn [zuerst]. Und was Du säest, ist ja nicht der Leib, der werden soll, sondern ein bloßes Korn, etwa Weizen oder der andern eines. Gott aber gibt ihm einen Leib, wie er will, und einem jeglichen Samen seinen eigenen Leib. 1 Kor 15,35-38

Und es gibt himmlische Körper und irdische Körper, aber eine andere Herrlichkeit haben die himmlischen und eine andere die irdischen [Körper]. Eine andere Klarheit [Glanz] hat die Sonne, eine andere Klarheit hat der Mond, eine andere Klarheit haben die Sterne. Denn ein Stern übertrifft den anderen an Klarheit. Also [ist es] auch [mit] der Auferstehung der Toten. Es wird gesät verweslich und wird auferstehen unverweslich. Es wird gesät in Unehre [Niedrigkeit] und wird auferstehen in Herrlichkeit. Es wird gesät in Schwachheit [Armseligkeit] und wird auferstehen in Kraft. Es wird gesät ein natürlicher Leib und wird auferstehen ein geistlicher Leib. Hat man einen natürlichen Leib, so hat man auch einen geistlichen Leib. Wie geschrieben steht: Der erste Mensch Adam ist gemacht ins natürliche Leben und der letzte Adam ins geistliche Leben. Der erste Mensch ist von der Erden und irdisch, der andere Mensch ist der [Herr] vom Himmel. Wie der Irdische [Mensch?] ist, so sind auch die Irdischen [Körper?], und wie der Himmlische [Mensch, Herr?] ist, so sind auch die Himmlischen [Körper, Menschen?]. Und wie wir das Bild des Irdischen [Menschen?] getragen haben, so werden wir auch das Bild des Himmlischen [Menschen, Herrn?] tragen. Das sage ich aber, liebe Brüder, daß Fleisch und Blut das Reich Gottes nicht ererben können, auch wird das Verwesliche nicht erben das Unverwesliche. 1 Kor 15,40-50

Eine andere Fassung schreibt vom spirituellen Leib statt vom geistlichen Leib. Diese Worte rücken manches recht deutlich zurecht, was in bezug auf die vermeintliche leibliche Auferstehung in einigen dogmatischen Anschauungen etwas durcheinandergeraten zu sein scheint. Beim Evangelisten Johannes lesen wir zusätzlich zum bereits zitierten Gespräch mit Nikodemus auch folgendes:

> Wieviele ihn aber aufnahmen, denen gab er Macht, Gottes Kinder zu werden, die an seinen Namen glauben, welche nicht von dem Geblüt noch von dem Willen des Fleisches noch von dem Willen eines Mannes, sondern von Gott geboren sind. Und das Wort ward Fleisch und wohnte unter uns . . . Joh 1,12-14

». . . von Gott geboren« und nicht nach Blut und Fleisch – es ist klar, daß hier ausdrücklich und vollbewußt von der zweiten Geburt gesprochen wird. Wie erfolgt sie? Durch die wahre Jesus-Taufe mit dem Heiligen Geist, der spürbar erlebt wird statt durch eine nur symbolische Wassertaufe?

Nun zur Frage nach dem »zweiten Tod«, denn Geburt und Tod gehören zusammen. Die physische Geburt führt zum Leben in der Welt und schließlich zum irdischen Tod. Die geistige Geburt führt zum spirituellen Leben – und dann? Gibt es denn so etwas wie einen zweiten Tod, einen »Tod der Seele«, über den Körpertod hinaus? Wäre das nicht geradezu ein krasser Widerspruch zur Verheißung des ewigen Lebens? Lesen wir in der Bibel nach:

> Wer Ohren hat, der höre, was der Geist den Gemeinden sagt! Wer überwindet, dem soll kein Leid geschehen von dem zweiten Tode. Off 2,11

Was wird überwunden? Was ist mit dem sonst möglichen zweiten Tod gemeint?

> Selig ist der und heilig, der teilhat an der ersten Auferstehung. Über diese hat der zweite Tod keine Macht . . . Off 20,6

Wenn es eine erste Auferstehung gibt, gibt es dann auch eine zweite? Haben wir es unter Umständen mit mißverstandenen Sätzen zu tun, die falsch übertragen wurden? Deutlich wird aus diesen beiden Zitaten aber auf jeden Fall dies: Johannes, der seine Offenbarungen niederschreibt, scheint der Ansicht zu sein, daß es einen »zweiten Tod« tatsächlich gibt.

Ein Vergleich dieser Aussagen mit anderen Äußerungen von christlichen Mystikern und mit Zeugnissen aus dem außerchristlichen Raum macht folgende Deutung möglich: Der Mensch ist bewußte Seele, die ein Menschenleben lang in einem irdischen Körper lebt. Dieser Körper wurde materiell geboren, und er wird eines Tages auch materiell sterben. Die Seele wird erst dann wirklich »geboren«, wenn sie sich des göttlichen Lichts und Lebens, aus dem sie lebt, bewußt wird. Diese Geburt erfolgt mit einer Taufe mit dem Heiligen Geist, mit einer Rückverbindung (Religio) mit dem *Wort* bzw. mit einer geistigen Einweihung in das ewige Licht, das im ansonsten finsteren Tempel Gottes scheint, den dieser Körper für sich allein darstellt. Der erste Tod ist der Körpertod. Der zweite Tod ist der »Tod« der Seele, welche diese Religio in ihrer Lebenszeit im Körper nicht erfährt und deshalb auch im körperlosen Zustand nach dem irdischen Tod ohne das innere Licht weiterhin in Finsternis bleibt. Wie gesagt, ist dies eine mögliche Ansicht, und ich beanspruche dafür keine letzte Gültigkeit.

Betrachten wir, welche Hinweise uns die Bibel auf den Tod und das Sterben noch gibt. Das Lukas-Evangelium zitiert Jesus:

> Etliche stehen hier, die den Tod nicht schmecken werden, bis sie das Reich Gottes sehen. Lk 9,27

Für mich heißt das, daß diese Jünger und Eingeweihten bereits während ihres Erdenlebens das nichtmaterielle Reich Gottes sehen dürfen. Paulus teilt uns mit:

Siehe, ich sage euch ein Geheimnis: wir werden nicht alle entschlafen, wir werden aber alle verwandelt werden und dasselbe plötzlich in einem Augenblick, zur Zeit der letzten Posaunen . . . 1 Kor 51-52

Ich sterbe täglich. 1 Kor 15,31

Was heißt das, täglich zu sterben? Ist damit die tägliche Bereitschaft gemeint, sein Leben für Gott zu lassen? Heißt das, daß Paulus sich jeden Tag »aufgibt«? Ich möchte hier ausnahmsweise schon vorab eine außerbiblische Quelle zitieren, nämlich den christlichen Mystiker Angelus Silesius:

Stirb, ehe du noch stirbst, damit du nicht mußt sterben,
Wenn du nun sterben sollst: sonst möchtest du verderben.
(Aus dem *Cherubinischen Wandersmann*)

Das tägliche Sterben ist ein Vorgang der Innenwendung, der Kontemplation oder »Meditation«, bei dem die Seele in das Wort eintaucht und mit dem zuvor ausführlich erwähnten inneren oder dritten Auge und mit dem inneren Ohr das Licht des Lebens und die Stimme Gottes vernimmt. Angelus Silesius sagt zu diesem Vorgang im selben Büchlein:

Wer seine Sinne ins Innre hat gebracht, der hört, was man nicht hört, und siehet in der Nacht.

Was geschieht mit dem Menschen, der sich auf diese Weise vorübergehend von der Welt zurückzieht und »stirbt«, um für sein geistliches Sein bewußt zu erwachen? Paulus sagt dazu:

Ich lebe, doch nun nicht ich, sondern Christus lebt in mir. Gal 2,20

Wenn der Mensch das begrenzte Körperbewußtsein überschreitet oder hinter sich läßt und sich für die himmlischen Dimensionen öffnet, so beginnt er als Teil der schöpferischen Gotteskraft, der Kraft des Wortes und der Christus-Kraft zu leben und lebt im selben Maße nicht mehr als kleines Ich oder Ego. Wenn die Seele sich als Geschöpf Gottes erfährt, mit ihm durch das Wort oder den Heiligen Geist verbunden, lebt nicht mehr die irdische Person, sondern der göttliche Geist in ihr. »Gott ist Geist und kann nur im Geiste angebetet werden!«

Dieses Thema behandelt auch das nächste Zitat aus dem Alten Testament:

> Gedenke deines Schöpfers in deiner Jugend, ehe denn die bösen Tage kommen und die Jahre herzutreten, da du sagen wirst, sie gefallen mir nicht, ehe denn die Sonne und das Licht, Mond und Sterne finster werden. . . denn der Mensch fährt dorthin, wo er ewig bleibt und die [klagenden Menschen] gehen herum in den Gassen. Ehe denn der Silberstrick wegkomme und die goldene Quelle verlaufe und der Eimer zerschelle am Brunnen und das Rad am Brunnen zerbreche. Denn der Staub muß wieder zur Erde kommen, wie er gewesen ist, und der Geist wieder zu Gott, der ihn gegeben hat. Pred 12,1-2, 5-7

Eine andere Fassung spricht vom »silbernen Strick«, der zerreißt, und von der »goldenen Schale«, die zerbricht. Nur, wenn wir uns frühzeitig um unsere Herkunft, den Sinn des Lebens und unsere Bestimmung kümmern, nur, wenn wir bereits in der Jugend oder doch zumindest sobald wir der Notwendigkeit gewahr werden, unseres Schöpfers zu gedenken, können wir die zweite Geburt erlangen und sowohl den Körpertod wie den »zweiten Tod« der Seele, die verloren umherirrt, überwinden. In diesen Versen tauchen eigentümliche Begriffe auf: ein silberner Strick, eine goldene Quelle, ein zerschellter Eimer, ein zerbrochenes Rad. Damit ist nach meiner Auffasung, die sich aus dem Verständnis ähnlicher Begriffe und Beschreibungen aus anderen mystischen Quellen speist, folgendes gemeint:

- Der Eimer, der zerschellt, ist der menschliche Körper im Augenblick des physischen Todes.

- Das Rad, das aufhört sich zu drehen, ist der Lebensimpuls, der samt dem Atem beim Körpertode erlischt.
- Der silberne Strick ist das, was im Osten (und das Christentum ist ja zumindest der Herkunft nach eine »nahöstliche Religion«) die »Silberschnur« genannt wird. Beide Begriffe bezeichnen die unsichtbare Verbindung der Seele zum menschlichen Körper, solange sie in diesem Leben weilt. So kann die Seele zwar schon während des Lebens »aus dem Körper austreten« und »in das Reich Gottes eintreten«, aber nicht für immer. Denn der Silberstrick hält die Seele bis zum Lebensende im Körper, bis sich die Seele für immer aus diesem Körper zurückzieht.
- Die goldene Quelle ist das »Licht, das in der Finsternis« scheint, das ist das »lebendige Wasser des Lebens«, das göttliche Wort oder die Christus-Kraft, die mit dem Erdentod nicht mehr im Menschenkörper wirken können, also wirkungslos »verlaufen«.

Versuchen wir wieder eine kurze Übersicht:

Es gibt eine erste, irdische Geburt und eine zweite, spirituelle. Es gibt einen irdischen Körper und einen himmlischen Körper. Es gibt einen Körpertod, in dem Staub zu Staub wird. Wenn die Seele während des Körperlebens eine Verbindung mit der Gotteskraft erhalten hat, so kann ihr weder der Körpertod noch ein ominöser »zweiter Tod« etwas anhaben. Der Mensch ist dem Wesen nach Geist und kann in einem himmlischen Körper in den großen Schöpfergeist eingehen – wenn er sich bereits während des Körperlebens selbst als Geist erkennen und erfahren durfte.

Wie weit sind Neugeburt oder Wiedergeburt des Neuen Testaments, von der Jesus selber zu Nikodemus spricht, und Auferstehungsvorstellungen eigentlich von der Wiedergeburtsvorstellung des Ostens entfernt? Im Abschnitt über Bibel und Reinkarnation gehe ich darauf näher ein.

Auch die Frage nach der Geburt Jesu durch Maria und das umstrittene Thema der Jungfrauengeburt wird an anderer Stelle in diesem Buch behandelt.

Im nächsten Kapitel möchte ich auf einen meist sehr unklaren Begriff eingehen, obwohl die Klärung nur mittelbar mit der Suche nach der verborgenen Botschaft der Bibel zu tun hat. Aber für das allgemeine Verständnis unserer Fragen mag der Versuch einer Klärung doch nützlich sein. Es geht um »Sünde«, um »Erbsünde« und um Erlösung oder Vergebung von Sünden.

Was ist Sünde?

Und nun, was zögerst du? Stehe auf und laß dich taufen und abwaschen deine Sünde, und rufe an den Namen des Herrn. Apg 22,16

Dieses Zitat stammt aus der Luther-Bibel, übliche moderne Fassungen ziehen die Anrufung des Namens vor die Taufe. Sie übertragen: »Und nun, was zögerst du? Stehe auf und rufe seinen Namen an und laß dich taufen und abwaschen deine Sünden!« Zum Begriff »Sünde« sagt mein etymologisches Wörterbuch: Die Herkunft des westgermanischen Substantivs ist dunkel. In die nordischen Sprachen gelangte es wohl als Lehnwort mit dem Christentum. Eine mögliche Ableitung deutet auf ein altes Wort für »das Seiende« hin, was jedoch nicht zweifelsfrei belegt ist. Normalerweise verstehen wir unter Sünde die Übertretung eines Sittengesetzes. Statt Sintflut sprach man gelegentlich auch von einer »Sündflut«. Im außerkirchlichen Raum stand Sünde längere Zeit auch ohne besondere Wertung für Fehler, Irrtum oder Torheit.

Wir finden in der Bibel den Begriff »Sünde« recht häufig und in mittelalterlichen Kirchendokumenten noch häufiger. Allzuoft wurde mit diesem Wort Schindluder getrieben, wurden Menschen abgeurteilt und verdammt, wurden Machtansprüche, Gesellschaftsmoral und geistliche Einsichten unzulässig miteinander vermengt. Der Begriff »Sünde« muß jedoch nicht in erster Linie mit Moralvorstellungen verbunden werden, sondern kann mit den Begriffen *sondern, absondern, aussondern* in Zusammenhang gebracht werden. Für mich ist Sünde das, was uns von Gott und jenem Geist »absondert«, der in allen Menschen und in der gesamten Schöpfung lebt. Wir kennen das Wort von der

»Sünde wider den Geist«, das meiner Meinung nach am zutreffendsten ist. Die Vergebung von Sünden spielt in der Bibel, wie wir sie kennen, eine entscheidende Rolle. Es ist die Rede von einer angeblichen Erbsünde, an der alle Menschen Anteil haben sollen, seit der erste Mensch gegen ein Gebot Gottes verstieß und den Unterschied zwischen Gut und Böse erkannte, nachdem er eine Frucht vom »Baum der Erkenntnis« aß. Vom zweiten Baum, vom Baum des Lebens aß er übrigens nicht. Obzwar ich eine Erbsünde weder nach dem gesunden Menschenverstand noch nach den vorliegenden theologischen Begründungen annehmen kann, bleibt jedoch, daß wir uns in unserem Leben sehr häufig so verhalten, daß wir »sündig« werden, daß wir gegen elementare religiöse, ethische und humanistische Gesetze und Einsichten verstoßen, daß wir den Geist der Bergpredigt noch keineswegs verinnerlicht haben.

Nach dem Gesetz des »Was du säest, das wirst du ernten«, säen wir selbst Ursachen, deren Konsequenzen kein anderer als wir selbst tragen müssen. Dennoch kann unsere »Sünde« erlassen oder vergeben werden:

Welchen ihr die Sünden erlasset, denen sind sie erlassen. Joh 20,23

Petrus sprach zu ihnen: tut Buße und lasse sich ein jeglicher taufen auf den Namen Jesu Christi zur Vergebung der Sünden: so werdet ihr empfangen die Gabe des Heiligen Geistes. Apg 2,38

Es gibt eine »höhere« Kraft als das normalerweise wirksame Gesetz von Ursache und Wirkung, von Verantwortung und Folgen eigener Gedanken, Worte und Taten. Diese höhere Instanz ist der Heilige Geist, das *Wort*, als konkreter schöpferischer und allgegenwärtiger Ausdruck der Gotteskraft. Diese Kraft kann durch den Gottessohn Jesus Christus wirken oder durch von ihm unmittelbar beauftragte Apostel und Jünger. Zur Sünde gehört indes das Wissen um

Sünde. So sagt Jesus zu manchen Pharisäern, die sich wissend glauben:

> Wäret ihr blind, so hättet ihr keine Sünde. Nun [da] ihr aber sprecht »wir sind sehend«, bleibet eure Sünde.
> Joh 9,41

Eine Sünde ohne die Bewußtheit der Sünde scheint demnach keine wirkliche Sünde zu sein. Versuchung selbst ist keine Sünde, sagte ein Weiser, aber ihr bewußt und willentlich nachzugeben ist es. Sünde ist auch, wenn wir so arrogant sind, unsere menschlichen Nachahmungen Gottes und seines Lichts, unsere kleinen Erfahrungen von »Erfüllungen« für die letzte Wirklichkeit zu halten. Ein Aufwachen zum Leben der Seele in Gott bringt den Sinn des Lebens zum Vorschein, über das kleine Ich hinaus. Damit werden wir zwar noch nicht frei von Versuchungen und entwickeln auch nicht umgehend die Kraft der rechten Lebensführung, aber wir sind immerhin auf dem Weg dorthin.

Wichtig ist, daß die Bibel mitteilt, daß Sünden (was immer wir darunter verstehen wollen) vergeben bzw. erlassen werden können. Das kann durch die Verbindung mit der Kraft des Heiligen Geistes erfolgen.

Ebenso ist bemerkenswert, daß gerade dem »Sünder« der Weg zu Gott besonders angeboten und eröffnet wird, wenn er zur Umkehr bereit ist. Die Geschichte vom verlorenen Sohn deutet das an, gleichfalls die Auskunft, daß ein Gläubiger einem Schuldner geringe Schulden, dem anderen jedoch auch genauso sehr große Schulden aus eigener Autorität erlassen kann, wie auch zahlreiche weitere Bibelbelege. Doch scheint die Auseinandersetzung mit der Wirklichkeit hinter dem Begriff Sünde wichtig zu sein, weil damit ein Prozeß der Selbsterkenntnis verbunden sein kann. Allerdings halte ich nicht viel davon, wenn der Begriff Sünde als »Knüppel« zur moralischen Einschüchterung oder konfessionellen Disziplinierung benutzt wird.

Zum Vergleich zwischen den Begriffen Sünde und Karma

und zur Gegenüberstellung von »Vergebung der Sünde« und »Auflösen von Karma« lesen Sie einige Gedanken im Kapitel über die Bibel und Karma.

Der Pfad der Religio

Im besten Sinne ist Religion der Weg des Menschen zur Wirklichkeit seines Selbst. Manche christlichen Dogmatiker meinen leider, daß die Bestrebung nach Selbsterkenntnis in die Vereinzelung, in die Ichhaftigkeit oder gar in die arrogante oder womöglich blasphemische Überhöhung des eigenen Ichs gegenüber Gott führe. Das ist jedoch weder bei den Mystikern der Vergangenheit noch bei jenen der Gegenwart der Fall, das trifft weder auf unsere christlichen Mystiker und Mystikerinnen zu, noch auf jene aus dem außerchristlichen Raum.

Selbsterfahrung ist vielmehr der erste Schritt zur Erkenntnis der Winzigkeit und Unwichtigkeit des Egos und der Größe und Herrlichkeit der nicht vom Ego geschaffenen Seele, die einen höheren, geistigen Ursprung besitzt. Die Bewußtwerdung der eigenen Geistlichkeit – durch das eigene Erleben der Kraft des Heiligen Geistes, des »lebendigen Wortes« – führt ja geradewegs direkt zu der großen Schöpferkraft, die wir Gott nennen.

Selbsterkenntnis und Selbstverwirklichung gibt es ohne das Erleben der unsichtbaren und doch so wirksamen, alles schaffenden und erhaltenden Gotteskraft nicht. Ohne ein Mindestmaß an bewußter Lebensführung, an Loslassen von Gewohnheiten des Ich und der »Sünden wider den Geist« der Schöpfung, wider die Menschenwürde, wider die natürlichen Gesetze der Harmonie und des Miteinander und gegenseitigen Dienstes – ohne dieses Loslassen zumindest immer wieder anzustreben und sich kritisch zu prüfen, ohne am Charakter, am Denken und am Verhalten zu arbeiten, gibt es bekanntlich aber keine echte Selbsterkenntnis, von Gotterfahrung als bleibende Gnade ganz zu schweigen.

Wie begibt man sich nun ganz praktisch auf den Weg der Religion? Wie können wir »religiös« werden, also unser innerstes Wesen und Gott zu erfahren trachten, ohne uns blindgläubig Dogmen und ausgrenzenden Konfessionen zu verschreiben? Können wir überhaupt religiös werden? In diesem Abschnitt möchte ich Ihnen einige Worte aus der Bibel in Erinnerung rufen, die den Weg der Rückverbindung des individuellen Menschen zur ewigen Schöpferkraft beschreiben:

> Welchen Nutzen hätte der Mensch, wenn er die ganze Welt gewönne und verlöre sich selbst oder beschädigte sich selbst? Lk 9,25

Eine modernere Übertragung lautet: »*Was nützte es dem Menschen, wenn er die ganze Welt gewönne, aber Schaden nähme an seiner Seele?*« Mit dieser Aussage erfolgt eine klare Wertung. Die Reichtümer der Welt sind geringer als das angebotene Gnadengeschenk. Zugleich besteht die Notwendigkeit, das Leben der Seele, die Verankerung des eigenen Bewußtseins in der ewigen Gemeinschaft mit Gott zu »sichern«. Wie kann man Gott erfahren? Durch Vorstellungen und Vorbilder? Oder gestaltlos? Müssen wir womöglich zuerst unsere eigene überkörperliche und überzeitliche Wirklichkeit entdecken, bevor wir jene Gottes erkennen können?

> Gott ist Geist, und die ihn anbeten, müssen ihn im Geist und in der Wahrheit anbeten. Joh 4,24

Sowohl die Luther-Bibel als auch die King James-Bibel schreiben übrigens: »Gott ist *ein* Geist«! Eines wird immer wieder deutlich: Es geht in der Kernbotschaft der Bibel nicht um Riten und Rituale, nicht um blinden Glauben oder nach außen zur Schau gestellte Frömmigkeit, sondern um etwas Inneres:

> Das Reich Gottes kommt nicht mit äußeren Gebärden . . .
> Lk 17,20-37

Der Weg der Religion, der Rückverbindung der Seele mit Gott, ist kein einfacher Weg. Denn er verlangt, daß man das Körperbewußtsein überschreitet, um die Ewigkeit zu finden, anstatt sich beständig von den relativen Verlockungen der Welt gefangenhalten zu lassen:

> Gehet ein durch die enge Pforte, denn die Pforte ist weit und der Weg ist breit, der zur Verdammnis führt, und es sind viele, die darauf wandeln. Und die Pforte ist eng und der Weg ist schmal, der zum Leben führt, und wenige sind es, die ihn finden. Mt 7,13-14

Bei Lukas finden wir fast gleichlautende Aussagen:

> Ringet danach, daß ihr durch die enge Pforte eingeht, denn viele werden danach trachten, wie sie hineinkommen und werden es nicht tun können. Lk 13,24

> Wahrlich, ich sage euch: wer nicht das Reich Gottes nimmt als ein Kind, der wird nicht hineinkommen. Lk 18,17

> Denn wo ihr nach dem Fleisch lebt, so werdet ihr sterben müssen. Wo ihr aber durch den Geist des Fleisches Geschäfte tötet, so werdet ihr leben. Denn welche der Geist Gottes treibt, die sind Gottes Kinder. Rö 8,13-14

Es geht übrigens nicht um eine asketische oder gar negative Ablehnung der Welt. Meister Eckehart sagte einmal: »*Seid in der Welt, aber seid nicht von der Welt.*« Der inzwischen in seine geistige Heimat zurückgekehrte frühere Präsident der Weltgemeinschaft der Religionen, der Unterstaatssekretär in der indischen Regierung, Dichter und Meditationslehrer Darshan Singh, prägte den Begriff der »positiven Mystik«. Damit wollte er zum Ausdruck bringen, daß es einen Weg der Religiosität gibt, auf dem wir einerseits voller Freude die irdischen Seiten des Lebens annehmen und voller Kraft unsere Verantwortung tragen und erfüllen, und daß wir andererseits dennoch einen Teil unserer Zeit und unserer

Bewußtheit der Erkundung der Innenwelten, der Seele und der göttlichen Kräfte widmen sollen und können.

Auch der oben zitierte Vers aus dem Römer-Brief unterstreicht, daß Fleisch und Geist zweierlei sind und daß nur durch die Öffnung und Hinwendung zum göttlichen Geist eine Re-ligio möglich ist. Eine andere Textstelle verweist auf dasselbe:

> Denn die da fleischlich sind, die sind fleischlich gesinnet, die aber geistlich sind, die sind geistlich gesinnet. Aber fleischlich gesinnet sein ist der Tod, und geistlich gesinnet sein ist Leben und Friede. . . Ihr aber seid nicht fleischlich, sondern geistlich, wenn denn Gottes Geist in euch wohnt. Wer aber Christus Geist nicht hat, der ist nicht sein. So aber Christus in euch ist, so ist der Leib zwar tot um der Sünde willen, der Geist aber ist das Leben um der Gerechtigkeit willen. Rö 8, 5 - 10

Der nächste Vers wird noch deutlicher:

> Das Reich Gottes ist nicht Essen und Trinken, sondern Gerechtigkeit und Friede und Freude in dem Heiligen Geist. Rö 14, 17

Das heißt natürlich nicht, daß wir uns nicht an Essen und Trinken erfreuen können, nur ist die Notwendigkeit und Freude an der Aufrechterhaltung der Körperlichkeit eben ein Merkmal dieser irdischen Existenz. Sie ist jedoch nicht nur zeitlich stark begrenzt, sondern auch wenig vom Licht Gottes durchdrungen, obwohl dieses Licht auch hier scheint: »Das Licht scheinet in der Finsternis, aber die Finsternis hat's nicht ergriffen.« Das Reich Gottes ist ein rein geistiges Reich, in dem materielle Nahrungsmittel nicht notwendig und nicht existent sind. Dort ist Leben nicht Essen und Trinken, sondern das Erleben einer dauerhaften Beseligung in Kommunion mit dem Heiligen Geist, der dort klarer, unmittelbarer und ohne die materiellen Begrenzungen dieser Erde wirken und wehen kann. Die Priorität der

Bemühung des Menschen um Religiosität wird von Jesus selbst in folgendem Ausspruch aus dem Matthäus-Evangelium festgestellt:

> Trachtet zuerst nach dem Reich Gottes und nach seiner Gerechtigkeit, so wird euch solches alles zufallen. Mt 6,33

Ganz klar: Das Reich Gottes ist wichtiger als alles andere hier auf der Erde. Warum? Weil die Seele dort ewiges Leben in bewußter Gemeinschaft mit Gott und seiner Schöpferkraft »hat«. Dennoch: das Erdenleben des Menschen ist nicht etwa schlecht, die irdischen Gaben sind nicht etwa böse, denn »solches alles« wird dem Menschen ja von selbst zufallen, und er kann sich daran auch erfreuen, wenn er nur in seiner geistigen Natur, in seinem himmlischen Wesen verankert bleibt.

> Mein Reich ist nicht von dieser Welt . . . Joh 18,36

Vielleicht erwarten manche Christen immer noch, daß es eines Tages ein »Paradies auf Erden« geben wird. Und wir sind und bleiben ja auch weiterhin dazu aufgerufen, mit oder ohne konfessionelle Bindung, daran zu arbeiten und mitzuwirken, daß diese Erde ein immer besserer Ort wird. Selbstverständlich werden wir eines Tages vor unseren Gedanken, Worten und Taten stehen und daran gemessen werden (oder uns vielleicht selbst messen müssen), ob wir unseren Beitrag, unser Scherflein geleistet haben. Woher aber sollen wir Vision und Kraft, Hoffnung und Beharrlichkeit nehmen, wenn nicht aus einer höheren Ebene als jene Erde darstellt, auf der wir nur vorübergehend leben und wirken? »Mein Reich ist nicht von dieser Welt . . .«, heißt ja nicht, daß wir nicht dem Kaiser geben, was des Kaisers ist. Es bedeutet statt dessen, daß es ein Reich Christi gibt, das nichts mit der Endlichkeit dieses Körperlebens und dieser Schöpfung zu tun hat. Das Reich Gottes ist, wir haben inzwischen genügend Belege aus der Bibel gelesen, ein geistiges Reich, das Licht und ewiges Leben ist.

Im zweiten Brief von Paulus an die Korinther lesen wir:

Darum werden wir nicht müde, sondern ob [auch wenn]
unser äußerlicher Mensch verweset, so wird doch der in-
nerliche [Mensch] von Tag zu Tag erneuert. Denn unsere
Trübsal, die zeitlich und leicht ist, schafft eine ewige und
über alle Maßen wichtige Herrlichkeit uns, die wir nicht
sehen auf das Sichtbare, sondern auf das Unsichtbare.
Denn was sichtbar [ist], das ist zeitlich, was aber unsichtbar
ist, das ist ewig. 2 Kor 4,16-18

Der Weg zur Religiosität beginnt also mit einer, vielleicht
»probeweisen«, Öffnung für die Grundlage des spirituellen
Lebens, nämlich die Erkenntnis, daß es eine geistige Welt
überhaupt gibt, die wir selbst bewußt erfahren können:

Euch ist es gegeben, daß ihr das Geheimnis des Himmelreichs vernehmet, diesen aber ist es nicht gegeben. Denn
wer da hat, dem wird dazu gegeben, daß er die Fülle habe.
Wer aber nicht hat, von dem wird auch genommen, was er
hat. Mt 13,10-12

Wem ist das Geheimnis gegeben? Denen, die mit dem Heiligen Geist getauft wurden, denen, die das *Wort* vernehmen,
es also als Licht und Leben erfahren. Wer das hat, wer diese
Verbindung zum göttlichen Geist empfangen hat, dem wird
mehr und mehr und schließlich alles gegeben: »Seid vollkommen, wie euer Vater im Himmel vollkommen ist.« Wer
diese Verbindung nicht erhalten hat, wer sich nicht als
»Geist aus Geist« erlebt, wer das Körperleben für das *Alpha*
und *Omega*, für Anfang und Ende aller Dinge, hält, der wird
sich mit dem Körpertod selbst als verloren empfinden. Für
diesen wird mit dem Körpertod die einzigartige Chance des
Lebens – zu erwachen in das Licht – wegfallen. Wenn wir
diese Verbindung einmal erlangt haben, wenn wir von der
Gnade des *Wortes* angenommen wurden und beginnen, im
Wort zu leben, dann verwandelt sich unser Leben in einen
verheißungsvollen Weg ins Licht. Auf diesem Weg blühen

nicht nur anmutige Rosen, die uns mit ihrem Duft erfüllen, sondern wir werden wohl auch immer wieder in Dornen treten oder greifen, die uns an die Begrenztheit menschlichen Strebens auf der Erde erinnern. Der Weg der Religiosität wird wohl am besten durch das *Bete und arbeite* beschrieben. In der modernen Sprache unserer Tage können wir auch formulieren: Auf dem Weg der Bewußtwerdung kommen wir durch Meditation und Verwirklichung am besten voran. Wie betet man »richtig«?

> Wenn du aber betest, so gehe in dein Kämmerlein und schließe die Türe zu und bete zu deinem Vater im Verborgenen; und dein Vater, der in das Verborgene sieht, wird es dir vergelten öffentlich ... Euer Vater weiß, was ihr bedürft, ehe denn ihr ihn bittet. Mt 6,6-8

Nicht das öffentliche Gebet, nicht die äußerliche Hinwendung zu Gott zählt, sondern die geistige, innere, unsichtbare. Der Unterschied zwischen Gebet und Kontemplation oder Meditation wird in der asiatischen Mystik manchmal so beschrieben:

Im Gebet wenden wir uns an Gott und sprechen mit Ihm. In der Kontemplation, Meditation oder Innenschau öffnen wir uns für das, was Gott uns von sich gibt, sagt und offenbart.

Beten, meditieren, Innenschau, Kontemplation – das ist die Bemühung um das »Trachtet erst nach dem Reich Gottes...« Arbeit, Verwirklichung, tätige Nächstenliebe, schöpferischer Einsatz der gottgegebenen Fähigkeiten und Kräfte – das ist zugleich Hilfe zur eigenen geistigen Verwandlung und Gradmesser für die Demut.

> Seid aber Täter des Wortes und nicht Hörer allein, damit ihr euch [nicht] selbst betrügt. Jak 1, 22

Wenn wir das, was wir an inneren Offenbarungen geschenkt bekommen, nicht »integrieren« und in die Einsicht umsetzen, daß die ganze Schöpfung Gott ist und wir demnach Gott auch dadurch lieben, ehren und ihm dienen, indem wir der Schöpfung dienen, dann werden unsere Bemühungen um Vervollkommnung versanden oder erstarren und zu nichts führen. Das *Wort* auch zu tun, ist eines der Gebote Christi.

Liebe deinen Nächsten wie dich selbst. Mt 19,18-19

Manche Fassungen schreiben: »Liebe deinen Nächsten wie dein Selbst!« Diese Aufforderung ist gleichfalls ein ausdrückliches Gebot Jesu Christi. Liebe ist die Verwirklichung des Wortes in der Welt. Wen sollen wir lieben? Den »Nächsten«, alle »Nächsten«. Und da wir alle Kinder Gottes sind, sind auch alle Menschen unsere Nächsten. Weiter: da alle Geschöpfe von Gott geschaffen wurden und durch Gottes Leben leben, sind auch sie unsere Nächsten. Wie sollen wir den Nächsten lieben? Wie uns selbst oder wie unser Selbst! Ohne Selbst-Liebe, ohne Liebe zum wahren, geistigen Selbst (hier geht es nicht um Ich-Liebe), ist auch die Nächstenliebe nicht möglich. Ohne Selbsterkenntnis wiederum können wir uns selbst oder unser Selbst nicht lieben. Denn wir müssen zunächst erkennen, was an uns »irdisch« und »fleischlich« ist, also was unsere Erdenperson ausmacht, unseren Körper, unser Ich, die begrenzten Gefühle und der Verstand, und was das »Himmlische« in uns ist, unser wahres Selbst, das ewig Göttliche in uns.

Wir können zusammenfassen:

Der Weg zur Religiosität beginnt, wenn wir nach dem suchen, was über die Zeit hinausgeht, was nicht vom Raum begrenzt wird, was unsterblich ist. Das ist sowohl Gott selbst wie seine schöpferische Kraft, die als Wort oder Heiliger Geist wirkt und alles hervorbringt und belebt. Auch die Seele, das einzelne menschliche Bewußtsein, ist seinem Wesen nach von Gott geschaffen und von seiner Kraft durchdrungen und erhalten, selbst wenn unserem Ich dies nicht bewußt sein mag. Der Mensch kann und soll sein göttliches Selbst erkennen. Dann vermag er das Schöpferische und Überpersönliche in sich ebenso zu lieben wie in allen anderen Menschen. Auf dem Weg zur Rückverbindung mit Gott – nach der Einweihung oder Taufe mit dem Heiligen Geist – sollen wir zwei Aspekte entwickeln: die Bemühung um das geistliche Reich Gottes und die Verwirklichung höherer Wahrheiten im Alltagsleben.

Kommen wir nun zu einem der wohl größten Mysterien der Bibel und aller Religionen, nämlich zur Natur, zum Wesen und zur Rolle des Gottessohnes, der als Heiland und Erlöser andere Menschen zu Gott führt.

Als was bezeichnete sich Jesus selbst?

Es gibt etliche Gelehrte, die zur Ansicht gekommen sind, daß Jesus sich selbst nie als Messias betrachtet und bezeichnet hat. Daran mag etwas sein, gilt doch Demut allgemein als eine der herausragendsten Merkmale der Heiligen. Der »Rang« vollkommener Gottesboten entzieht sich ohnehin der Beurteilung durch uns Durchschnittsmenschen, die wir die Präsenz ihres Gottesbewußtseins auch nicht annähernd erfahren und leben. Ich finde es traurig, daß sich Anhänger verschiedener Religionen darüber auseinandersetzen oder manchmal sogar bekämpfen, wer denn nun der »höhere« oder »bessere« oder »richtigere« Gottessohn sei. Das kann weder im Sinne dieser »Religionsstifter«, Heiligen und Meister liegen, noch ist es etwa ein Ausdruck der einen Gotteskraft. Vielmehr müssen wir hier unsere eigene Unzulänglichkeit, unser Ich-Denken, unsere Machtansprüche in Rechnung stellen. Aus diesen Gründen soll es hier um das gehen, was Jesus laut Bibel von sich selbst gesagt hat. Sie werden mit mir feststellen können, daß es Jesus meist und vor allem um die geistige Aufgabe der Erlösung der Seelen geht und daß er seine Vollmacht dazu nicht verleugnet. Über die Vollmacht Jesu Christi steht geschrieben:

Und Jesus wandelte im Tempel in der Halle Salomos. Da umringten ihn die Juden und sprachen zu ihm: Wie lange hältst du unsere Seele auf? [Wie lange läßt du unsere Seele im Ungewissen?] Bist du Christus, so sage es uns frei heraus. Jesus antwortete ihnen: Ich habe es euch gesagt, aber ihr glaubtet nicht. Die Werke, die ich tue in meines Vaters Namen, die zeugen von mir. Denn meine Schafe hören meine Stimme und ich kenne sie und sie folgen mir und ich gebe ihnen das ewige Leben und sie werden nimmermehr umkommen und niemand wird sie mir aus der Hand reißen. Der Vater, der sie mir gegeben hat, ist größer denn alles und niemand kann sie aus meines Vaters Hand reißen. Ich und der Vater sind eins. Joh 10,23-30

Bereits zuvor heißt es im Johannes-Evangelium:

Es kann niemand zu mir kommen, es sei denn, daß ihn ziehe der Vater, der mich gesandt hat und ich werde ihn auferwecken am Jüngsten Tage. Joh 6,44

Wie sehr Jesus zum Christus geworden ist, wie sehr Jesus in Gott und aus Gott lebt, wie sehr er Gottes Kraft auf Erden repräsentiert, geht aus den folgenden Versen hervor:

Und wer mich siehet, siehet den, der mich gesandt hat. Joh 12,45

Spricht zu ihm Philippus: Herr, zeige uns den Vater, so genügt uns. Jesus spricht zu ihm: So lange bin ich bei euch und du kennest mich nicht? Philippus, wer mich sieht, der sieht den Vater. Wie sprichst du denn: zeige uns den Vater? Glaubst du nicht, daß ich im Vater bin und der Vater in mir ist? Joh 14,8-10

Ich bin der Weg und die Wahrheit und das Leben. Niemand kommt zum Vater denn durch mich. Joh 14,6

Ohne die Verbindung mit dem *Wort* durch den von Gott beauftragten Gottessohn, ohne die Taufe und die geistige Neugeburt der Seele mit der Kraft Gottes, die vom Träger der Christus-Kraft vollzogen wird, kann es kein Erwachen für das Reich Gottes und sein ewiges Licht geben. Ein Mensch kann nicht aus eigener Vollkommenheit seine Seele erlösen, ein Mensch kann sich nicht als Tempel Gottes, als himmlischer Körper und als Geist wahrnehmen, wenn er nicht von einem lebenden Menschen, der die Einheit mit Gott erlangt hat und lebt, auf den Weg gestellt worden ist.

Zur Erinnerung: dazu gehört nicht nur das Eintreten durch die enge Pforte und daß sich der Mensch zum Einzelauge erhebt, auf daß sein ganzer Leib licht werde. Sondern es gehört auch dazu, daß seine »Sünden« erlassen oder abgewaschen werden, daß also all das fortgenommen wird, was beim Eintritt in das Reich Gottes als hinderlicher Ballast und egohafte Unzulänglichkeit die Erweckung der Seele zu ihrem göttlichen Ursprung und den Zugang in dieses Reich verhindern würde.

Jesus bezeichnet sich selbst mehrfach als ausdrücklich beauftragt, den Seelen, die Gott zu ihm zieht, das Heil zu geben:

> Eure Väter haben Manna gegessen in der Wüste und sind gestorben. Dies ist das Brot, das vom Himmel kommt, auf daß, wer davon ißt, nicht sterbe. Ich bin das lebendige Brot, [das] vom Himmel gekommen [ist]. Wer von diesem Brot essen wird, der wird leben in Ewigkeit. Und das Brot, das ich geben werde, ist mein Fleisch, welches ich geben werde für das Leben der Welt. Joh 6,49-51

Über die Frage, was zunächst mit »Brot« und dann mit »Fleisch« und »Blut« gemeint ist, scheiden sich die Geister. Ist das wörtlich zu verstehen, oder ist es bildlich gemeint? Jesus erklärt nur wenige Zeilen weiter selbst, wie er verstanden werden will:

> Der Geist ist es, der da lebendig macht, das Fleisch ist von keinem Nutzen. Die Worte, die ich rede, die sind Geist und sind Leben. . . Niemand kann zu mir kommen, es sei ihm denn von meinem Vater gegeben. Joh 6,63,65

Eine ähnliche Textstelle findet sich auch in einem vorhergehenden Kapitel:

> Wer dies Wasser trinkt, der wird wieder Durst haben. Wer aber das Wasser trinken wird, das ich ihm gebe, den wird ewig nicht dürsten, sondern das Wasser, das ich ihm geben

werde, das wird in ihm ein Brunnen des Wassers werden, das in das ewige Leben quillt. Joh 4,13-14

Seine Jünger fordern ihn auf, Nahrung zu sich zu nehmen, zu essen. Abermals macht Jesus deutlich, daß in ihm eine überkörperliche Kraft wirkt, die nicht aus irdischer Quelle ist, obwohl er sie in Worten umschreibt, die der körperlichen Nahrungsaufnahme entstammen:

> Er aber sprach zu ihnen: ich habe eine Speise zu essen, von der ihr nichts wißt. Da sprachen die Jünger untereinander: Hat ihm jemand zu essen gebracht? Jesus spricht zu ihnen: Meine Speise ist die, daß ich tue den Willen dessen, der mich gesandt hat und vollende sein Werk. Joh 4,32-34

> Und er sprach zu mir: Es ist geschehen. Ich bin das A und das O, der Anfang und das Ende. Ich will dem Durstigen geben von der Quelle des lebendigen Wassers umsonst. Off 21,6

> Den Frieden lasse ich euch, meinen Frieden gebe ich euch. Nicht gebe ich euch, wie die Welt gibt. Euer Herz erschrecke nicht und fürchte sich nicht. Joh 14,27

Daß nicht jeder zu Christus kommen kann, überrascht vielleicht zunächst. Doch Jesus sagt selbst:

> Nicht ihr habt mich erwählt, sondern ich habe euch erwählt ... Joh 15,16

> Es kann niemand zu mir kommen, es sei denn, daß ihn ziehe der Vater, der mich gesandt hat, und ich will ihn auferwecken am Jüngsten Tage. Joh 6,44

Jesus stellt sich letztlich in eine Reihe mit den Propheten und Heiligen, die vor ihm lebten:

> Ihr sollt nicht wähnen, daß ich gekommen bin, um das Gesetz oder die Propheten aufzulösen. Ich bin nicht gekommen, um aufzulösen, sondern um zu erfüllen. Mt 5,17

Dennoch, obwohl er das Gesetz erfüllen wird, ist er auch befugt, selbst zu richten – nämlich Sünden zu erlassen oder nicht, Menschen anzunehmen oder nicht:

Denn wie der Vater das Leben hat in ihm selber, also hat er dem Sohn gegeben, das Leben zu haben in ihm selber und hat ihm Macht gegeben, auch das Gericht zu halten, darum [weil] er des Menschen Sohn ist. Joh 5,26-27

Jesus äußert sich auch zum Unverständnis des dogmatisch-religiös geprägten Durchschnittsmenschen:

Johannes ist gekommen, aß nicht und trank nicht, und sie sagen [sagten]: er ist verrückt [ist des Teufels]. Des Menschen Sohn [hier steht manchmal auch: Adams Sohn] ist gekommen und ißt und trinkt, und sie sagen: siehe, wie ist der Mensch [Jesus] ein Fresser und ein Weinsäufer, ein Geselle der Zöllner und Sünder? Und die Weisheit muß sich rechtfertigen lassen von ihren Kindern [oder: Und die Weisheit wird sich durch ihre Taten selbst beweisen]. Mt 11,18-19

Vielleicht am allerwichtigsten ist der Satz Jesu:

Mein Reich ist nicht von dieser Welt. Joh18,36

Die gesamte Schöpfung, so wunderbar sie ist, kommt dennoch nicht der Größe und Herrlichkeit des Schöpfers gleich. *Das Reich Gottes kommt nicht mit äußeren Gebärden, es ist inwendig in uns. Gott ist Geist und kann nur im Geiste angebetet werden.* Jesus hat dies selbst erkannt und verwirklicht und bietet diese Erkenntnis auch anderen Menschen, die nach Wahrheit suchen, an.

Weitere wichtige Aussagen Jesu über sich selbst aus dem Johannes Evangelium lauten:

Ich bin das Brot des Lebens. (6,35)

Ich bin das Licht der Welt. (8,12)

Ich war bevor Abraham war. (8,58)

Ich bin der gute Hirte. (10,11)

Ich bin Auferstehung und Leben. (11,25)

Ich bin der Weg, ich bin Wahrheit und ich bin Leben. (14,6)

Ich bin der wahre Weinstock. (15,1)

Können wir die Größe Jesu Christi je ausloten? Wohl erst dann, wenn wir von Gott in sein Reich und in die Gemeinschaft der Heiligen (das sind die für Gott erwachten, bewußten Seelen, die Gottes *Wort* in sich tragen und sein Licht weiterstrahlen) aufgenommen worden sind.

Jesus – der einzige Gottessohn?

Dies wird vermutlich eines der heikelsten Kapitel für jene Menschen sein, die im Glauben aufgewachsen sind, daß es nur eine einzige Religion gäbe, die christliche, in welcher die Wahrheit Gottes und seiner Schöpfung auf einzigartige, alleingültige und unveränderliche Weise zum Ausdruck gebracht worden sei. Weder liegt mir etwas an fruchtlosen Kontroversen, noch möchte ich andere Menschen verstimmen oder sie gar irgendwie beleidigen. In diesem Abschnitt bemühe ich mich ganz besonders, dem Gebot eines großen Mystikers unserer Tage gerecht zu werden, der sagte: *»Sprich nur, was wahr ist, liebevoll und notwendig.«* Dieses Wort beziehe ich auch auf das Denken und Schreiben. Mit dieser Einstellung möchte ich Sie einladen, den folgenden Betrachtungen Ihre offene und überlegte Aufmerksamkeit zu schenken.

Jesus selbst soll von sich nach Aussage der Evangelien nur soviel gesagt haben:

Wir müssen die Werke dessen wirken, der mich gesandt hat, solange es Tag ist; es kommt die Nacht, da niemand wirken kann. Solange ich in der Welt bin, bin ich das Licht der Welt. Joh 9,4-5

Luther schreibt:

Ich muß wirken die Werke des, der mich gesandt hat, solange es Tag ist. Es kommt die Nacht, da niemand wirken kann. Dieweil ich bin in der Welt, bin ich das Licht der Welt.

Wenn wir die Bibelworte als authentische Überlieferung der Aussage von Jesus Christus selbst akzeptieren, dann dürfen wir nicht überlesen, was er hier sagt: Solange Jesus im menschlichen Körper hier auf der Erde wandelt, so lange kann er die Werke Gottes wirken, so lange ist er Christus (das heißt der Gesalbte) und Träger des *Wortes*, des Lichts und des Lebens. Wenn er indes seinen materiellen Körper ablegt, so bleibt er zwar in der spirituellen Dimension weiterhin eine geistige Wirklichkeit und Kraft, aber er kann die Werke des lebendigen Gottessohnes in Menschengestalt nicht mehr wirken. Was sind diese »Werke«? Zuallererst die Aufgabe der Heilsvermittlung, die Rückführung der verlorenen Schafe in die Gegenwart Gottes, die Taufe mit dem Heiligen Geist und mit Feuer, die Neugeburt aus dem Geiste. Das kann Jesus Christus nach seinen eigenen Worten aber nur dann und nur so lange wirken, solange er im Erdenkleid eines sterblichen Menschen wie ein Mensch unter anderen Menschen lebt. Danach nicht mehr!

Und weiter heißt es:

> Da sprach Jesus zu ihnen: Es ist das Licht noch eine kleine Zeit bei euch. Wandelt, dieweil (solange) ihr das Licht habt, daß euch die Finsternisse nicht überfallen. Wer in der Finsternis wandelt, der weiß nicht, wo er hingeht. Glaubt an das Licht, solange ihr's habt, damit ihr Kinder des Lichts werdet. Joh 12,35-36

Ist das nicht ein Widerspruch zur Aussage »Und siehe, ich bin bei euch alle Tage bis an der Welt Ende«? Dieser vermeintliche Widerspruch läßt sich auflösen, wenn wir beachten, daß es eine äußere Lehre und eine innere Lehre Jesu gab (siehe auch Abschnitt über das Innere Markus-Evangelium ab Seite 157). Die Menschen, denen Jesus die Verbindung mit dem *Wort* geschenkt hatte, die 144 000, die nach der Johannes-Offenbarung an ihrer Stirn versiegelt wurden, diese Seelen haben bereits während ihres Erdenlebens den Kontakt, die Rückverbindung mit dem Reich Gottes erhalten. Sie haben bereits die ersten, vielleicht geringen, aber doch nachhaltigen Erfahrungen davon gemacht, daß sie mehr als der Körper sind, daß sie Geist sind. Diese Menschen werden durch das innere Licht, das sie über den Zugang durch die enge Pforte, das Einzelauge wahrnehmen können, auch nach Jesu Weggang von dieser Erde mit dem Licht verbunden bleiben. Jene Menschen aber, welche die ganz praktische Verbindung, diese Öffnung des Zugangs zum Reich Gottes nicht erlebt haben, können nach dem Fortgang Jesu nicht ohne weiteres das Licht erhalten, weil Jesus selbst nicht mehr wirken kann. Allerdings vermögen die Jünger und Apostel, denen er Vollmacht und Kraft dazu übertragen hat, diese Öffnung des Geistes für den Heiligen Geist in seinem Auftrag und Namen noch zu vollziehen.

Anders ausgedrückt: das Zitat aus dem Johannes-Evangelium kann durchaus so gelesen werden, daß Jesus der Gottessohn seiner Zeit war, daß er als Gottessohn aber nur wirken konnte, solange er im Körper lebte, und daß danach (und davor) ein anderer die Aufgabe zu übernehmen hatte, Menschen zu Gott zu führen. Das würde übereinstimmen mit den Aussagen von Mystikern aus anderen Religionen. Denn Jesus selber sagt:

> Liebt ihr mich, so werdet ihr meine Gebote halten. Und ich will den Vater bitten, und er wird euch einen andern Tröster geben, daß er bei euch sei in Ewigkeit ... Aber der Tröster, der Heilige Geist, den mein Vater senden wird in meinem Namen, der wird euch alles lehren und euch an alles erinnern, was ich euch gesagt habe. Joh 14,15-16,26

> Wenn aber der Tröster kommen wird, den ich euch senden werde vom Vater, der Geist der Wahrheit, der vom Vater ausgeht, der wird Zeugnis geben von mir. Joh 15,26

> Aber ich sage euch die Wahrheit: Es ist gut für euch, daß ich weggehe. Denn wenn ich nicht weggehe, kommt der Tröster nicht zu euch. Wenn ich aber gehe, will ich ihn zu euch senden. Joh 16,7

Nach Luther bedeutet das als »Tröster« übertragene Wort auch Advokat, Beistand oder Fürsprecher und bezeichnet eine Person, die in der Lage ist, vor Gericht ein gutes Wort einzulegen. Spricht Jesus in den Worten der Evangelien hier nicht ausdrücklich davon, daß nach ihm ein anderer käme? Die Bibel spricht eindeutig und unbezweifelbar davon, daß die Ankunft eines zweiten Messias oder Christus bevorstehe. Offen ist lediglich die Auslegung, ob dieser zweite Christus »derselbe« ist wie der erste, also Jesus Christus, oder ob sich nun ein anderer vom Schöpfer gesandter Gottessohn offenbaren wird. Wenn man die in der Bibel zitierten Aussagen Jesu wörtlich nimmt, so müßte es sich um einen »anderen« Tröster handeln, der von Gott geschickt werden wird. Wenn wir uns jedoch daran erinnern, daß die Kraft Gottes, das *Wort*, der Heilige Geist, das innere Licht, das Wesen der Gotteskraft in seiner schöpferischen Form zum Ausdruck bringt – *nichts ist ohne das Wort gemacht, was gemacht ist* –, dann muß hier kein Widerspruch klaffen. Denn dann kann es ein und dieselbe göttliche, gnadenreiche und segenspendende Kraft sein, die sich durchaus in zwei unterschiedlich erscheinenden Körpern manifestiert. Diese Kraft ist und bleibt jedoch das Licht der Menschen, genauer: das Licht ihrer Seele, und dieses Licht vermag die Seele mit ihrem Ursprung wieder zu verbinden. Damit erfüllt sich der Auftrag der Re-ligio, und damit wird sich die Seele ihrer ewigen Natur als ein Funke der Schöpferkraft, als Teil des ewigen Seins Gottes bewußt.

Im Hinduismus kennt man neun »Avatare«, also »Verkörperungen« oder »menschliche Inkarnationen« des Vishnu, des einen Aspekts der hinduistischen Drei-Einigkeit. Der zehnte Avatar wird noch erwartet, unter dem Namen »Maitreya«, »Maitraya Acharya« oder »Kalki«. Im Judentum wird bekanntlich ebenfalls ein Messias oder der Messias erwartet. Der Islam betrachtet Abraham, Moses und Jesus »nur« als Propheten, Mohammed gilt ebenfalls »nur« als Prophet. Der Islam geht jedoch durchaus von einer »Nachfolge« seines letzten Propheten aus, auch wenn diese Nachfolge umstritten ist. Unter den Mystikern des Islams, den sogenannten Sufis, gab es immer eine Kette von Meistern/Lehrern/Erlösern, die das Geheimnis des Inneren Worts und des Inneren Lichts weitergegeben haben. Am bekanntesten dürften bei uns im Westen Shamas aus Täbriz und sein Schüler Maulana Rumi, der Verfasser des *Masnavi*, sein.

Im Sikhismus gab es eine Reihe von »Gurus« (der Begriff heißt übrigens wörtlich »Dunkelheit-Licht« und bedeutet soviel wie das Licht, das die Dunkelheit auflöst), insgesamt zehn (von Guru Nanak bis zu Guru Gobind). Danach, so meinen orthodoxe Sikhs, habe die heilige Schrift der Sikhs, der »Adi Granth« oder »Guru Granth Sahib« die Funktion des Erlöser-Meisters übernommen.

In der nächsten Textstelle finden wir einen sehr aufschlußreichen Hinweis auf eine Definition, auf eine »Begrenzung« der Mission Jesu auf bestimmte Menschen, nicht auf die gesamte Menschheit:

> Vater, die Stunde ist da: verherrliche deinen Sohn, auf daß dich der Sohn verherrliche, wie du ihm Macht gegeben hast über alles Fleisch, damit er das ewige Leben gebe allen, die du ihm gegeben hast. Joh 17,1-2

Jesus hat von Gott die Vollmacht erhalten, Menschen das ewige Leben zu geben. Welchen Menschen? Allen Menschen auf der Erde? Allen Menschen, denen Jesus in seiner Erdenzeit begegnet? Nein, allen Menschen, die Gott selbst Jesus »gegeben« hat. Manchen Menschen ist es bereits von Geburt an bestimmt, daß sie von Gott zum ewigen Leben berufen werden, es steht »auf ihre Stirn geschrieben«. Jesus sagt selbst, daß keiner zu ihm kommen könne, es sei denn, dieser Mensch sei vom Vater zu ihm, zu Jesus, gezogen worden. Das bedeutet im Umkehrschluß auch, daß es viele Menschen gibt, denen es eben (noch?) nicht von Gott bestimmt ist, von Jesus aufgrund seiner göttlichen Vollmacht das ewige Leben zu erhalten. Diese vielen, vielen Menschen, die nicht von Jesus das ewige Leben erhalten, sind nach Auskunft der Bibel aber genauso Kinder Gottes. Das Licht scheint auch in ihnen. Was geschieht mit diesen Menschen? Einige, vielleicht viele, erhalten die Verbindung mit dem göttlichen Geist von Jesu Jüngern:

> Da sprach Jesus abermals zu ihnen: Friede sei mit euch! Gleich, wie mich der Vater gesandt hat, so sende ich euch. Und da er [Jesus] das sagte, blies er sie an und sprach zu ihnen: Nehmet hin den Heiligen Geist – welchen ihr die Sünden erlasset, denen sind sie erlassen, und welchen ihr sie behaltet, denen sind sie behalten. Joh 20,21-23

Nun hat es auch vor Jesu Leben sehr viele Menschen auf der Erde gegeben, und nach ihm lebten und leben noch mehr Seelen hier auf der Erde. Sind sie alle von den beauftragten und mit dem Heiligen Geist erfüllten Jüngern und Aposteln »erreicht« worden? Haben diese Jünger am Ende ihrer Lebenszeit vielleicht gleichfalls weiteren nicht nur den Auftrag erteilt, sondern konnten sie »Nachfolgern« die Kraft des Heiligen Geistes ebenso übermitteln oder übertragen, wie es Jesus nach dem oben genannten Vers getan hatte? Wenn Jesus ein Messias war, ein Erlöser, ein Gottessohn, wenn er »wahrer Mensch, wahrer Gott« war, wenn er Träger der Kraft des *Wortes* war und der Christus, würde es ihn »kleiner« machen, wenn Gott auch vor seiner historischen Mission auf der Erde andere Gottessöhne gesandt hätte? Würde es denn Jesus Christus in seiner geschichtlichen Bedeutung für einen großen Teil der Menschheit geringer sein lassen, wenn auch nach ihm weitere Gottessöhne gekommen wären, die Seelen auf den Weg zu Gott gebracht hätten? Ich meine, nein. Wenn es Jesus Christus doch nachweislich um die bewußt erlebbare geistige Verbindung der menschlichen Seele mit der göttlichen Kraft des *Wortes* und des Heiligen Geistes ging, wenn es doch um die eben nicht nur symbolische, sondern tatsächliche Taufe mit dem Heiligen Geist und mit Feuer ging, wenn es um eine erlebbare Neugeburt aus dem Geiste ging, wäre es dann nicht das

112

Normalste, das Natürlichste auf der Welt, daß er selbst Vorsorge dafür getragen hätte, daß diese Kraft auch weiterhin der Welt Licht und Liebe schenken kann? Hoffen und Glauben allein reicht ja nach dem Zeugnis zahlreicher Bibelstellen nicht aus, sondern es bedarf der konkreten Religio der Seele mit dem *Wort*. Wer kann denn diese Religio heute herstellen, wenn er oder sie nicht ein voll bewußter Gottessohn bzw. eine Gottestochter wäre, die dazu den inneren, geistigen Auftrag und zugleich die ewige Kraft des Heiligen Geistes erhalten hat?

Ist Jesu Lehre vom ewigen Leben die erste derartige Lehre in der bekannten Geschichte der Menschheit? Im nahöstlichen Raum des heutigen Israel, Palästina, Arabien und Ägypten vielleicht. Nach den noch vorhandenen Dokumenten des Ur-Buddhismus und des Ur-Hinduismus zu schließen jedoch nicht. Ist Jesus Christus der einzige und höchste Sohn Gottes gewesen und geblieben? Vieles scheint mir darauf hinzudeuten, daß Gott in seiner Gnade auch davor und danach seinen Geist hat Fleisch werden lassen, um die suchenden Seelen zu erlösen. Meister Eckehart hat einmal gesagt:»Wenn Christus nicht in mir geboren wird, so wäre es, als ob er nie geboren worden wäre.« Eine sehr starke Aussage, die vielfach mißverstanden wurde. Meister Eckehart hat sich damit nicht mit Jesus Christus gleichstellen wollen, sondern er hat den Auftrag ernst genommen und angenommen, der lautet:»Seid vollkommen, wie euer Vater im Himmel vollkommen ist.« Er hat erkannt, daß er selbst für die Christus-Kraft durchlässig, ganz geöffnet, transparent werden mußte, damit nun nicht mehr Eckehart als Person in ihm lebt, sondern Christus.

Was wäre das für eine Lehre Jesu vom ewigen Leben, wenn sie bedeutete, daß zwar eigentlich jeder Mensch ein Kind Gottes ist und es auch die Gnade Gottes gibt, die menschliche Seele ihrer göttlichen Herkunft und ihres göttlichen Ziels bewußt werden zu lassen – durch die Verbindung mit dem *Wort* und dem Heiligen Geist –, daß aber letztlich auf Erden nur ein einziges Mal und nur ein einziger Gottessohn diese göttliche Natur gelebt und verwirklicht hätte.

Die Frage, ob Jesus der einzige Gottessohn war, kann natürlich nicht auf wenigen Seiten, in einem einzigen Buch oder auch in sehr vielen Schriften »geklärt« oder gar so oder anders »bewiesen« werden. Für mich persönlich besitzt das Bibelwort »Der Geist weht, wo er will und wie er will« eine praktische Gültigkeit, von der ich mich in zwar bescheidener Weise, aber doch unzweifelhaft überzeugen durfte. Gerade weil ich die Botschaft Jesu für richtig und wichtig halte, gerade weil ich sie als göttlich inspiriert und von Gott beauftragt annehme, gerade weil Jesus für mich Christus war, nehme ich auch seine Worte vom »Ich bin das Licht der Welt, dieweil ich in der Welt bin« ernst, vom »Tröster«, den er senden wollte, und auch seine Worte in bezug auf die Beauftragung seiner Apostel.

Heilsvermittlung

Die Frage, ob wir Gott unmittelbar – entweder aus eigener Anstrengung und/oder aus seiner Gnade – erfahren können, oder ob wir einer »Heilsvermittlung« bedürfen, ist so alt wie das religiöse Bewußtsein von Menschen überhaupt. Dieser Punkt wird bekanntlich gerade von den protestantischen und evangelischen Kirchen einerseits und den katholischen und orthodoxen Kirchen andererseits sehr unterschiedlich beurteilt. Zu diesem Thema kann ich mich in keiner Weise aus »offizieller« theologischer Sicht äußern. Doch scheint mir offensichtlich, daß die Christus-Kraft nicht nur durch Jesus Christus gewirkt hat, sondern zumindest auch durch seine von ihm selbst berufenen Jünger und Apostel. Wie hätte Jesus sonst zu ihnen sagen können, daß Menschen, denen sie (die Jünger und Apostel) die Sünden »erlassen«, von diesen Sünden losgelöst würden? Wie sonst könnte die Taufe in Christi Auftrag und Namen, jedoch durchgeführt in seiner Abwesenheit und sogar nach seiner Kreuzigung, das Einfließen des Heiligen Geistes bewirken? Von einer anderen Warte her betrachtet: sind uns Menschen wie Bernhard von Clairvaux, Franziskus von Assisi, Hildegard von Bingen, Mechthild von Magdeburg, Thomas von Kempen, Ignatius von Loyola, Nikolaus von der Flüe, Teresa von Avila, Johannes vom Kreuz, Jakob Böhme und zahlreiche andere, bis hin zu Heiligen unserer Tage wie Albert Schweitzer, Maximilian Kolbe und Mutter Teresa, sind uns also solche Menschen kein Vorbild, keine Inspiration?

Was ist »Heilsvermittlung«? Weitergabe von Begeisterung für die Erfahrung des göttlich geschenkten unsterblichen Seelenlebens? Fürsprache und Fürbitte bei Gott, wenn jemand selbst des Gebets nicht mächtig oder ihm das Beten verschlossen ist? Mitteilung über den Weg zu sich selbst und zu Gott, die Übermittlung der Kraft des Heiligen Geistes, die Öffnung des Einzelauges, die Hilfe zur geistigen Geburt und die wahre Taufe? Die Vermittlung des Wortes und die Verbindung mit ihm?

Mir scheint, daß Jesus Christus ein »Heilsvermittler« war, ein »gesalbter Heiland«, der als solcher etwa von seinem dreißigsten Lebensjahr an öffentlich gewirkt hatte. Er rief ausdrücklich zur Nachfolge auf; so trägt Thomas von Kempens bekanntestes Werk auch den Titel *Von der Nachfolge Christi*. In jedem Lebensbereich gibt es Menschen, die herausragendes Wissen besitzen, besondere Erfahrungen erlangt und außergewöhnliche Ziele erreicht und die Meisterschaft errungen haben. Das scheint mir auch für den Bereich der Religion, der Gottsuche, der Mystik zu gelten. So finde ich in den schriftlichen Zeugnissen vieler Gottsucher und Gottgläubiger wertvolle Anregungen und Hilfen. In manchen Aufzeichnungen von »Heiligen« finde ich auch konkrete Anleitungen, wie dieser Weg der Religion ganz praktisch zu beschreiten und zu vollenden wäre. Ohne über den »Rang« der Verwirklichung etwas sagen zu wollen, meine ich, daß wir für jede Hilfe dankbar sein dürfen, die uns Gott näherbringt im Sinne der Worte Jesu: »Wisset ihr nicht, daß ihr der Tempel Gottes seid und der lebendige Geist in euch wohnt?« und: »Es sei denn, daß ihr von neuem geboren werdet, könnt ihr das Reich Gottes nicht erlangen.«

Nach diesem kurzen Exkurs zu wenigen Aspekten der Heilsvermittlung möchte ich Sie einladen, einige Aussagen anderer Forscher zu umstrittenen Fragen rund um Jesus Christus kennenzulernen. Danach möchte ich Ihnen vortragen, was nicht-kanonische Evangelien und Aussagen einiger weniger Mystiker zur Antwort auf die Frage nach der verborgenen Botschaft der Bibel beitragen können. Erst anschließend, auf dem Hintergrund all dieser Überlegungen und aller vorhergehenden Textzitate, möchte ich versuchen, den anfangs aufgegriffenen Faden von Jesu geheimer Lehre

vom ewigen Leben wiederaufzunehmen und in den Schluß-
betrachtungen eine Zusammenschau der komplexen Quel-
lenhinweise zu geben.

Teil III

Offene Fragen

Eine Vorbemerkung: Es geht auf den folgenden Seiten ausdrücklich nicht darum, unnötige Kontroversen zu führen oder gar diese oder jene Meinung als richtig oder falsch hinzustellen. Der Sinn dieses Teils III besteht vielmehr darin, daß wir einige problematische Themen zumindest ins Bewußtsein rücken. Allseits befriedigende oder gar einhellig akzeptierte Antworten werde ich Ihnen bei dieser eher skizzenhaften Erwähnung ohnehin nicht präsentieren können; andere Interpreten übrigens auch nicht. Wenn wir über die verborgene Lehre Jesu Christi nachsinnen, gehören aber auch diese Fragen, die womöglich immer offen bleiben, zum Gesamtbild. Persönlich kann ich als gelernter Berichterstatter ganz gut damit leben, Probleme auch dann anzurühren, wenn ich keine endgültigen Antworten finden kann und sie noch nicht einmal erwarten darf und dann mit unbeantworteten Fragen leben muß.

Starb Jesus wirklich am Kreuz?

Eine Reihe von Buchautoren (u. a. Andreas Faber-Kaiser; Holger Kersten; Henry Lincoln, Michael Baigent, Richard Leigh; Barbara Thiering) meinen, daß Jesus nicht am Kreuz gestorben ist, sondern in eine Art Koma fiel. Es wurden ihm nicht, wie sonst üblich, die Beine gebrochen (was den Tod am Kreuz noch schneller herbeiführt), sondern der vermeintliche Leichnam wurde viel früher als üblich vom Kreuz herabgenommen und auf Pilatus' Geheiß der Obhut des Joseph von Arimathäa übergeben (der nicht zur Familie Jesu gehörte). In dessen eigens zu diesem Zweck präparierten Felsengrab soll Jesus mit besonderen Heilmethoden der Essener-Gemeinschaft aus seinem Koma wieder erweckt worden sein. Deshalb, nach Ansicht der o. g. Autoren, war es dem »ungläubigen Thomas« möglich, seine Hand in die verwundete Seite Jesu zu legen, um sich von dessen tatsächlicher oder vermeintlicher Auferstehung durch eigenes »Begreifen« zu überzeugen. Im Rahmen der Zeugnisse in der Bibel über das Weiterleben nach dem Tode, auch entsprechend der eigenen Aussagen Jesu in den Evangelien und den späteren Überlieferungen seiner Apostel, vollzieht sich die Auferstehung des Geistes in einem »himmlischen Körper«, nicht in einem »fleischlichen«.

Barbara Thiering meint, daß Jesus selbst mit Paulus und manch anderen Jüngern umhergezogen sei und daß die Ankündigung der Apostel, »das Wort Gottes wird in eure Mitte kommen«, sich angeblich darauf bezogen habe, daß Jesus Christus in Person zu erwarten war. Nach Thiering soll Jesus in oder bei Rom nach dem Märtyrer-Tod von Petrus und Paulus eines natürlichen Todes gestorben sein, woraufhin sich die sogenannte Gralslegende als nun genuin europäische und nicht nahöstliche Legende entwickeln konnte. Immerhin meldet der Römer Suetonius in seinem »Claudius-Brief« (25.4), daß die Juden im Jahre 48 aus Rom vertrieben wurden, weil ein gewisser »Christus« einen Aufruhr verursacht habe. Solchen Spekulationen müssen wir uns nicht anschließen, wir können sie einfach zur Kenntnis nehmen. Merkwürdig und bedenkenswert ist aber doch der letzte Vers im Johannes-Evangelium, der meist überlesen wird:

> Es sind auch viele andere Dinge, die Jesus getan hat, welche, so [falls] sie eins nach dem anderen [nieder]geschrieben werden sollten, meine ich, die Welt würde die [diese so entstandenen] Bücher nicht begreifen, die zu beschreiben wären. Joh 21, 25

Was sind das für Dinge? Solche, die zur inneren Lehre gehören, welche nur den von Jesus angenommenen Menschen vorbehalten war? (Siehe auch die Zitate aus dem Inneren Markus-Evangelium.) Wann hat Jesus diese vielen »anderen Dinge« getan? Vor seiner Kreuzigung? Oder noch danach? Immerhin schließt das Johannes-Evangelium mit diesem bedeutungsschwangeren Satz. Falls Jesus die anderen Dinge nach der Kreuzigung getan hatte, geschah das als »auferstandener« Messias oder als aus dem Koma wieder ins Leben zurückgebrachter Erlöser der Seelen? Ich kann das Pro und Kontra zur Frage nach dem Kreuzestod hier nicht in den Einzelheiten ausbreiten und möchte deshalb auch meine persönliche Meinung zu diesem Thema nicht zum Gegenstand dieses Buchs machen. Um möglichen Mißverständnissen vorzubeugen, möchte ich anmerken, daß für mich persönlich die Herrlichkeit des Gottessohnes Jesus Christus durch ein Überleben der Kreuzigung nicht litte, falls sich dies eines Tages als historisch zutreffend herausstellen sollte.

Jesus zwischen zwölf und dreißig: War Jesus in Indien, war Jesus Essener?

Die Evangelien (und die Kirchenführer) schweigen sich über Jesu Aufenthalt zwischen dem zwölften und dem dreißigsten Lebensjahr aus. Daß diese Lücke zu Vermutungen vielerlei Art führen mußte und weiterhin immer wieder zu neuen Spekulationen Anlaß gibt, ist nur allzu verständlich. Die Klärung dieser Frage ist nicht nur von biographischem Interesse, sondern vor allem auch von außerordentlicher theologischer Bedeutung. Denn ließe sich nachweisen, daß Jesus in dieser Zeit »gelernt« hätte, in der Essener-Gemeinschaft, im Vorderen Orient, dem er entstammte, vielleicht sogar in Indien und Tibet, dann ergäbe sich womöglich ein anderes Bild Jesu, als das, welches wir kennen. Dann könnte es uns nahegelegt werden, daß Jesus ein »normalsterblicher« Mensch war, Kind einer Mutter und eines Vaters, wie alle anderen Menschen und Heiligen und Religionsstifter (Abraham, Moses, Lao Tse, Buddha, Mohammed, Kabir etc.) auch. Dann könnte es wahrscheinlich werden, daß er im Verlauf einer mystischen Ausbildung und Selbstentfaltung die Göttlichkeit der menschlichen Seele erkannte und seinen Auftrag vernahm, diese Botschaft anderen Menschen nahezubringen. Der Unterschied läge dann also darin, daß Jesus womöglich nicht von Anfang an »ganzer Mensch und ganzer Gott« war, sondern die Göttlichkeit seines Geistes erst im Verlauf von Lehr- und Wanderjahren erfuhr und er erst während dieser Zeit seine Rolle als Erlöser anderer Seelen begriff bzw. diesen Auftrag erhielt. Das würde den Rang Jesu Christi übrigens in keiner Weise herabsetzen; die oft gelehrte Einmaligkeit (und damit übrigens auch Letztmaligkeit!) wäre jedoch in Frage gestellt. Sehen wir uns einige Hinweise auf die »verlorenen Jahre Jesu« an. Die folgenden Zitate sind als Anregung gedacht, sich selbst weiter zu informieren. Sie ersetzen nicht Ihre eigene Meinungsbildung und können dieses Thema auch nur kurz beleuchten.

Reverend Ouseley zitiert die Wiener Tageszeitung *Der Tag* vom 2. Juni 1926 wie folgt:

> »Der Archäologe Professor Nikolaus Boerich [vermutlich ist jedoch der berühmte Asienforscher Nikolaus Roerich gemeint!], der von einer dreijährigen Expeditionsreise durch unerforschte Gebiete Asiens zurückgekehrt ist, hat in einem buddhistischen Kloster in Tibet Dokumente gefunden, aus denen hervorgehen soll, daß Jesus Christus im Alter von 29 Jahren aus Palästina eine Reise nach Indien zum Studium der buddhistischen Religion unternommen hat. Das Manuskript, das diese Darstellung enthält, ist 1500 Jahre alt und wurde im Kloster Hemis [Himis] in Tibet gefunden. Jesus wird in dem Manuskript unter dem Namen ›Issa‹ erwähnt.« In Nordindien »hat man in einer Stadt, die ein mongolischer Kaiser erbaut hatte, von der heute nur noch Ruinen künden, eine arabische Inschrift auf dem Tor einer zerstörten Brücke gefunden, die folgenden Wortlaut hat: ›Jesus – Friede sei mit ihm – spricht: Eine Brücke ist diese Welt, geh darüber und baue Dir kein Haus!‹« (Zitiert nach Ouseley, *Das Evangelium des vollkommenen Lebens*, S. 29; siehe Anhang.)

Nikolas Notovitch hatte ein gleichartiges Dokument (dasselbe?) bereits 1887 in Ladakh entdeckt. Swami Abhedananda veröffentlichte 1929 eine bengalische Übersetzung des Himis-Zeugnisses. Nikolaus Roerich zitierte in seinem Tagebuch aus Asien daraus. 1939 zeigte ein Lama in Himis der Schweizerin Elisabeth Caspari drei alte Schriften mit den Worten: »Diese Bücher sagen, daß Ihr Jesus hier war!« Manche Forscher meinen, Belege dafür gefunden zu haben, daß Jesus nicht nur in Vorderasien und Indien umhergereist war, sondern daß er dort, in Kaschmir, sogar sein Leben beendete. So hat Andreas Faber-Kaiser in Kaschmir Menschen getroffen, die sich selbst als »Beni Israel«, Kinder Israels, bezeichnen. Jüdische Beziehungen zu Indien gab es vermutlich mindestens seit den Zeiten Salomons, als Gold und Silber gegen indische Gewürze getauscht wurden. Seit dem sechsten Jahrhundert vor Christus gab und gibt es kleinere jüdische Siedlungen entlang der westindischen Malabar-Küste. Die jüdische Synagoge in Cochin ist weithin berühmt für ihre antiken Schätze. Die sogenannten Thomas-Christen gehen davon aus, daß der Apostel Thomas von Jesus nach Indien gesandt wurde, um dort die Mission Christi zu verbreiten. Er starb als Märtyrer in der Nähe der heutigen Stadt Madras, wo es eine Gedenkkapelle auf einer kleinen Anhöhe und eine kleine Kathedrale mit Thomas-Reliquien gibt. (Siehe dazu im Anhang: Reiseführer *Magisch Reisen Indien*.)

Zum Thema Jesus und Reisen außerhalb Palästinas gibt es bemerkenswerte Bücher von Andreas Faber-Kaiser, Barbara Thiering, James F. Forcucci, Elizabeth Clare Prophet und Holger Kersten, um nur einige zu nennen. (Siehe auch Literaturhinweise im Anhang). Im Zusammenhang mit einer Betrachtung des Thomas-Evangeliums kommen wir auf das Christentum und Indien noch näher zu sprechen. Aber abgesehen davon scheint es mir nach allen Indizien, auch aus der Bibel selbst, sehr naheliegend zu sein, daß Jesus die »fehlenden« Jahre in irgendeiner Art von spiritueller Ausbildung verbracht hat. Man denke an die »drei Weisen aus dem Morgenland«, an die drei »Magi aus dem Osten«, die ja nicht von ungefähr zu Jesus gekommen sein sollen, sondern gerade deshalb, weil sie erkannt hatten, daß hier ein Kind geboren worden war, das später eine besondere spirituelle Mission auszuführen haben würde. Es entspricht sowohl der Überlieferung als auch der Tradition, sowohl den Notwendigkeiten der Heranbildung und Entfaltung des menschlichen Geistes als auch den Vergleichen

mit allen anderen bekannten »Gottessöhnen« und Gottes-
boten, daß sie, weil sie ja in und durch einen menschlichen
Körper wirken müssen, übliche irdische Erfahrungen und
Stadien der Reifung durchlaufen.

Mit vielleicht noch mehr Überzeugungskraft wird von
anderen Gelehrten vertreten, daß Jesus ein »Essener« war.
Die Essener waren eine alte hebräische »Sekte«, deren Überzeugungen und Lebensweise in den sogenannten *Qumran-
Rollen* oder den *Schriftrollen vom Toten Meer* nachzulesen
sind. Upton Clary Ewing stellt in seinem Buch (siehe Anhang) überzeugend dar, warum wir davon ausgehen dürfen, daß die Essener, die Nazarener (oder Messianisten), die
Ebioniten (oder: Die Armen) und die palästinensischen oder
hebräischen Christen unter der Führung von Jakobus, dem
Bruder Jesu, ein und dieselbe Gemeinschaft waren. Gerade
die Bergpredigt spiegelt fast wortgleich eine Lebenshaltung
wider, wie sie in aramäischen Schriftrollen der Essener-Bruderschaft aus einer Zeit vor Jesu Geburt schon niedergeschrieben wurden. Ab Seite 160 finden Sie einige Auszüge
aus dem »Essener-Evangelium«.

Falls Jesus Essener war oder zumindest in einem ihrer
Wüstenklöster in ihre Lehren und Praktiken eingeführt
wurde, so paßt das durchaus widerspruchsfrei zu den uns
bekannten Bibeltexten. Dies könnte auch überzeugend erklären, wo Jesus zumindest einen Teil der siebzehn fehlenden Jahre verbracht haben könnte.

Mich überzeugt die Lesart am meisten, die sagt, daß Jesus
in der Zeit zwischen seinem zwölften und dreißigsten Lebensjahr in Lehr- und Wanderjahren sowohl bei Essenern
als auch bei anderen Gruppen und Religionen gelernt und
vielleicht auch schon gelehrt hat. Auch Dokumente über
Aufenthalte in Kleinasien und Indien halte ich persönlich
für glaubwürdig.

Jesus, die »Jungfrauengeburt« und Jesu Familie

Über die vielumstrittene, erst vor etwa hundert Jahren in den Rang eines Dogmas erhobene Jungfrauengeburt schreibt Prof. D. Nielsen folgendes:

>»Von den 27 neutestamentlichen Schriften, die die historische Grundlage des Christentums bilden sollen, erwähnen nur zwei die Jungfrauengeburt, und selbst da befindet sich diese Lehre in offenem Widerspruch zum übrigen Inhalt der betreffenden Schriften. Jesus selbst hat niemals diese Lehre verkündet, seine Apostel oder Jünger ebenfalls nicht; sie findet sich nicht in der ersten christlichen Gemeinde auf jüdischem Boden und war überhaupt der jüdischen Religion und dem Alten Testament ganz fremd. Die messianische Stelle Jes 7,16 [bei Luther 7,14!], die nach der griechischen und der alten deutschen Übersetzung lautet: ›Die Jungfrau ist schwanger und gebiert einen Sohn‹, spricht nämlich gar nicht von einer ›Jungfrauengeburt‹. Im Urtext steht nämlich dort Alma, ›junges Weib‹, nicht Betula, ›Jungfrau‹, weshalb auch die deutsche Übersetzung richtig lauten muß: ›Die junge Frau ist schwanger.‹« (In: *Der geschichtliche Jesus*, S.111-118, zitiert nach Ouseley, *Das Evangelium des vollkommenen Lebens*, S.16 ff.)

In zwei kanonischen Evangelien finden sich regelrechte Stammtafeln, die ein historisches Erbe Jesu dokumentieren sollen. Sie lesen sich so:

>Das ist das Buch von der Geburt Jesu Christi, der da ist ein Sohn Davids, des Sohns Abrahams.
>Abraham zeugte Isaak.

Isaak zeugte Jakob.

Jakob zeugte Juda und seine Brüder.

Juda zeugte . . .

. . .

Eleasar zeugte Joseph, den Mann Marias,

Von welcher ist geboren Jesus [alternativ: die war die Mutter des Jesus], der da heißt Christus [der Gesalbte]. Alle Glieder von Abraham bis auf [zu] David sind vierzehn Glieder [Generationen]. Von David bis auf [zu] die babylonische Gefangenschaft sind [es] vierzehn Glieder [Generationen]. Von der babylonischen Gefangenschaft bis auf [zu] Christus sind [es] vierzehn Glieder [Generationen]. Mt 1,1-17

Soweit der Beginn des Matthäus-Evangeliums, wie wir es in den üblichen Bibeln finden. Schon aus dieser Einleitung wird deutlich, daß der Schreiber dieser Zeilen Jesus ausdrücklich in eine Stammreihe des königlichen Hauses David stellt. Daraus leiteten manche seiner Zeitgenossen (auch Jesus selbst?) den Anspruch ab, ein oder der »König der Juden« zu sein. Eine ähnliche Stammtafel steht im Lukas-Evangelium:

Und Jesus ging in das dreißigste Jahr und ward gehalten für einen Sohn Josephs, welcher war ein Sohn Eli.

Der war ein Sohn Mathaths.

Der war ein Sohn . . .

. . .

Der war ein Sohn Seths.

Der war ein Sohn Adams.

Der war ein Sohn Gottes. Lk 3,23-38

Alternativ lautet die erste Zeile:

Jesus war ungefähr dreißig Jahre alt, als er sein Werk begann. Er war, wie man meinte, der Sohn Josephs . . .

Über die Tatsache, daß die Stammtafeln in zwei Evangelien überhaupt erwähnt werden und zum eigentümlichen Wortlaut schreibt Prof. Nielsen:

»Als später die Jungfrauengeburt in die Texte eingeschmuggelt worden ist, war natürlich diese Stammtafel der Hauptanstoß für die neue Lehre, und wir können noch deutlich die Harmonisierungsversuche der Abschreiber durch Berichtigungen und Einschübe feststellen. Wir befinden uns ja in einer Zeit, wo man noch keinen feststehenden Bibeltext besaß. ›Die Verschiedenheit der Abschriften war‹ – wie der Kirchenvater Origenes [drittes Jahrhundert] bezeugt – ›mannigfaltig‹, indem die Schreiber ›hinzufügten oder ausließen, was ihnen paßte‹. – In dem Ausdruck der Stammtafel bei Lukas: ›Jesus war ein Sohn Josephs‹, wurden die Worte hinzugefügt: ›wie man meinte‹, ein Einschub, der die ganze Stammtafel sinnlos macht, denn was hat es für ein Interesse, daß Joseph von David abstammt, wenn Joseph nicht wirklich Jesu Vater, sondern sein Pflegevater war? In dem Fall flösse ja kein Tropfen von Davids Blut in Jesu Adern... Gleich nach dieser Stammtafel [bei Matthäus] ist der Bericht von der Jungfrauengeburt eingeschoben, der ausdrücklich hervorhebt, daß Joseph Jesus nicht gezeugt hat. Nun wäre es konsequent gewesen, die Stammtafel ganz wegzulassen; sie stand aber einmal in der alten Matthäus-Handschrift. Man begnügte sich deshalb mit den gewöhnlichen Harmonisierungsmaßnahmen im Text, man strich ›Joseph zeugte Jesus‹ und schob nach der ersten Erwähnung Josephs ein: ›den Mann Marias, von welcher Jesus geboren ist‹. Ein Einschub, der wie ein scharfes Messer die Blutsbande zwischen Jesus und Joseph entzweischneidet, aber gleichzeitig die ganze Stammtafel bedeutungslos macht. Man versteht schlechterdings nicht, wozu irgend jemand sich die Mühe hätte machen sollen, Josephs Ahnen nachzuspüren, wenn dieser nicht Jesu Vater gewesen wäre. Die Fälschung, die die moderne Evangelienkritik an jener Stelle des überlieferten Matthäus-Textes erkennen wollte, hat sich vor einiger Zeit auf unerwartete Weise [durch den Fund einer Pergamenthandschrift 1892 mit einer syrischen Heiligenlegende] dokumentiert ... Diese wertvolle Handschrift – der sogenannte Sinai-Palimpsest – hat eine ganze Reihe ursprünglicher Lesarten bewahrt und führt unter anderem in der Stammtafel bei Matthäus lesbar und deutlich die Worte: ›Joseph zeugte Jesus‹. Nach der Rede des Apostels Petrus im 2. Kapitel der Apostelgeschichte war Jesus kein Gott, sondern ein Mann, durch den Gott große Dinge tat. Durch natürliche Geburt war er als Josephs Sohn von Davids Stamm. Für Paulus ist Jesus ebenfalls Gottes Sohn nur in geistigem Sinne, durch natürliche Geburt [katà sárka] jedoch Davids, das heißt Josephs Sohn (Röm 1,4; Apg 13,23-24).« (In: *Der geschichtliche Jesus*, S.111-118; zitiert nach Ouseley, *Das Evangelium des vollkommenen Lebens*, S.17-18.)

Nicht unwichtig dürfte in diesem Zusammenhang auch sein, daß Jesus unter seinen Zeitgenossen als »Jeshua ben Joseph«, Jeshua, Sohn des Josephs, bekannt war. Manche Autoren (u.a. Thiering, Lincoln, Baigent, Leigh) spekulieren überdies, Jesus habe eine eigene Familie gehabt, habe selbst Kinder gezeugt und so fort. Es ist schade, daß diese Fragen in den üblichen Kirchenverlautbarungen ausgeklammert werden, anstatt Gegenstand einer offenen und kritischen Überprüfung zu sein.

Die Stammtafeln in zwei Evangelien, die falsche Übertragung des Begriffs »Jungfrau« statt »junger Frau«, die Tatsache, daß sich Jesus selbst nicht als »Über-Mensch« im Sinne einer direkten göttlichen Manifestation ohne einen leiblichen Vater bezeichnet hat, sowie zahlreiche andere Gründe, lassen die Folgerung zu, daß wir von einer »normalen« Geburt Jesu von »normalen« Eltern auszugehen haben.

Wieder möchte ich unterstreichen, daß diese Ansicht nichts von Jesu göttlichem Wesen fortnimmt und auch keine Abstriche an seiner Erlöseraufgabe bedeutet.

Die Bibel und Karma

Das aus Asien bekannte Gesetz des Karma läßt sich mit den Worten umschreiben »Jede Aktion ruft eine Reaktion hervor«, mit dem Satz »Jede Ursache führt zu einer Wirkung« und mit der Überzeugung »Jeder Gedanke, jedes Gefühl, jedes Wort und jede Tat sind wie eine Saat, die eines Tages aufgeht.« Sogar einige wenige Hinweise auf dieses Gesetz von Ursache und Wirkung, auf die Karmalehre, sind in den heutigen Bibelausgaben noch zu finden, trotz aller »Harmonisierungen« und »Bereinigungen«:

> Denn ich, der HERR, dein Gott, bin ein eifernder [nach Luther »eifriger«] Gott, der die Missetat der Väter heimsucht bis ins dritte und vierte Glied an den Kindern, derer, die mich hassen. 2 Mos 20,5

> Entsteht ein dauernder Schaden, so sollst du geben Leben um Leben, Auge um Auge, Zahn um Zahn, Hand um Hand, Fuß um Fuß, Brandmal um Brandmal, Beule um Beule, Wunde um Wunde. 2 Mos 21,23-25

In Mt 5,39 kehrt Jesus dieses Gesetz bekanntlich um und sagt, man solle dem Übel nicht widerstreben, sondern die andere Wange hinhalten. Das ist kein Widerspruch! Denn man kann das »karmische Gesetz« der ständig neuen Wirkungen aufgrund immer wieder selbst ausgelöster neuer Ursachen ja nur dann überwinden, wenn man nicht mehr vom Ich her denkt, fühlt, spricht und handelt. Die Bergpredigt ist in diesem Sinne sozusagen eine klassische Anleitung, neue weltliche Verstrickungen zu vermeiden, sich aus den karmischen Bindungen zu lösen und damit für die Erfahrung des Heiligen Geistes offen zu werden. Eher geht ein Kamel durch ein Nadelöhr, als daß jemand, der an weltlichen Dingen hängt, ins Reich Gottes eingeht. Das haben offensichtlich auch die Apostel gelehrt:

> Irret euch nicht! Gott läßt sich nicht spotten. Denn was der Mensch sät, das wird er ernten. Wer auf sein Fleisch sät, der wird von dem Fleisch des Verderbens ernten; wer aber auf den Geist sät, der wird von dem Geist das ewige Leben ernten. Laßt uns aber Gutes tun und nicht müde werden, denn zu seiner Zeit werden wir auch ernten, wenn wir nicht nachlassen. Gal 6,7-9

Allerdings kann das Gesetz von Ursache und Wirkung durch den Gottessohn aufgehoben werden:

> Denn das Gesetz ist durch Mose gegeben, die Gnade und Wahrheit ist durch Jesus Christus geworden. Joh 1,17

> Denn Gott hat seinen Sohn nicht in die Welt gesandt, daß er die Welt richte, sondern daß die Welt durch ihn gerettet werde. Joh 3,17

> Denn der Vater richtet niemand, sondern hat alles Gericht dem Sohn übergeben. Joh 5,22

> Wahrlich, wahrlich, ich sage euch: Wer mein Wort hört und glaubt dem, der mich gesandt hat, der hat das ewige Leben und kommt nicht in das Gericht, sondern er ist vom Tode zum Leben hindurchgedrungen. Joh 5,24

> So gibt es nun keine Verdammnis für die, die in Christus Jesus sind. Denn das Gesetz des Geistes, der lebendig macht in Christus Jesus, hat dich frei gemacht von dem Gesetz der Sünde und des Todes. Denn was dem Gesetz unmöglich war, weil es durch das Fleisch geschwächt war, das tat Gott: er sandte seinen Sohn . . . Rö 8,1-3

Das Gesetz, das Karma (= Kal = Jahve) bleibt, wie es ist; der Gesetzgeber aber, nämlich Gott, kann ändern. In einem anderen Vers lesen wir eine eindringliche Ermahnung, nicht uns selbst irgendwelche geistigen Fortschritte, Erfahrungen und Erkenntnisse zuzuschreiben und sie nicht zur Schau zu stellen:

> Ein jeder aber prüfe sein eigenes Werk; und dann wird er seinen Ruhm bei sich selbst haben und nicht gegenüber einem andern. Denn jeder wird seine eigene Last tragen. Wer aber unterrichtet wird im Wort, der gebe dem, der ihn unterrichtet, Anteil an allem Guten. Irret euch nicht! Gott läßt sich nicht spotten. Denn was der Mensch säet, das wird er ernten. Wer aber auf sein Fleisch sät, der wird von dem Fleisch das Verderben ernten; wer aber auf den Geist sät, der wird von dem Geist das ewige Leben ernten. Gal 6,4-8

Eine Botschaft lautet also, daß wir mögliche gute Wirkungen, die durch uns erfolgen, nicht als unsere eigenen Taten ansehen sollten, sondern als Wohltaten unserer Lehrmeister. Denn karmisch betrachtet, nach dem Gesetz von Ursache und Wirkung erwogen, kann das Ich nie etwas dauerhaft Positives aus sich selbst hervorbringen, sondern bestenfalls im Dienst des Wortes, des Heiligen Geistes oder der göttlichen Schöpferkraft zu einem hoffentlich einigermaßen brauchbaren Instrument werden. In seinem Buch *Über die Schwelle der Hoffnung gehen* hat Johannes Paul II. im Kapitel über das ewige Leben und die letzten Dinge, die Gesetzmäßigkeit von Ursache und Wirkung in folgenden Worten selbst beschrieben: »Erinnere dich daran, daß du dich am Ende selbst vor Gott mit deinem ganzen Leben präsentieren wirst. Vor Seinem Richtersitz wirst du für all deine Handlungen verantwortlich sein, du wirst nicht nur nach deinen Handlungen und deinen Worten beurteilt, sondern auch nach deinen Gedanken, sogar den allergeheimsten.«

Die Problematik des Themas Karma für christliche Theologen besteht vermutlich nicht darin, das Gesetz von Ursache und Wirkung anzuerkennen. Gerade das halten sie ja (zu Recht) hoch, sonst gäbe es kein »Jüngstes Gericht«, kein notwendiges und läuterndes »Fegefeuer« und so fort. Auch die Auflösung von Karma durch erleuchtete und vollendete Meister, wie das in Asien als möglich aufgefaßt wird, ist dem Christentum eigentlich nicht fremd. Denn Jesus Christus und sogar die von ihm beauftragten und bevollmächtigten Apostel »erlassen Sünden«, heben also die früher oder später folgenden Konsequenzen von Fehlverhalten auf. Die Schwierigkeit liegt vielmehr darin, daß mit dem Begriff Karma meist auch die Vorstellung einer Seelenwanderung, einer Reinkarnation, einhergeht. Davon handelt der nächste Abschnitt.

Die Bibel und Reinkarnation

Sogar zum scheinbar »unchristlichen« Thema der Reinkarnation gibt es eine klare Aussage, nämlich daß Johannes der Täufer die Wiedergeburt von Elias sei:

> Denn alle Propheten und das Gesetz haben geweissagt bis hin zu Johannes; und wenn ihr's annehmen wollt: er ist Elia, der da kommen soll. Wer Ohren hat, der höre. Mt 11,13-15

> Da fragte [Jesus] seine Jünger: Wer sagen die Leute, daß des Menschen Sohn sei? Sie [die Jünger] sprachen: etliche sagen, du seiest Johannes der Täufer, die anderen [sagen] du seiest Elias, etliche [sagen] du seiest Jeremias oder der Propheten einer ... Mt 16,13-14

Gleichartige Aussagen finden sich im Markus-Evangelium 8,27 und im Lukas-Evangelium 9,18.

> Und seine Jünger fragten ihn und sprachen: was sagen denn die Schriftgelehrten, Elias müsse zuvor kommen? Jesus antwortete und sprach zu ihnen: Elias soll ja zuvor kommen und alles zurecht bringen. Doch ich sage euch, Elias ist schon gekommen und sie haben ihn nicht erkannt, sondern haben an ihm getan, was sie wollten ... Da verstanden die Jünger, daß er von Johannes dem Täufer zu ihnen geredet hatte. Mt 17,10-13

Auch hierzu finden sich praktisch gleichlautende Verse im Markus-Evangelium (ab 9,11).

Im Alten Testament finden wir eine für christliche Ohren eigenartige Beschreibung der Wirkungsweise Gottes:

Der da heimsucht der Väter Missetaten bis ins dritte und vierte Glied ... 2 Mos 20,5

Darin läßt sich durchaus ein Beleg sowohl für Karma als auch für Reinkarnation erkennen. »Missetaten« werden demnach der Seele nicht nur nach dem Tode vorgehalten und müssen von ihr in einer »Hölle« abgedient werden, Missetaten werden der Seele nicht nur beim »Jüngsten Gericht« präsentiert, sondern sie können offensichtlich auch Lebenden »angerechnet« werden. Aus Gründen der Gerechtigkeit und der für die Person, welche die Missetat begangen hat, notwendigen Läuterung davon sollte es sich dabei doch wohl um dieselben Seelen handeln – die dann aber eben in einem neuen Körper wiederkommen müßten.

Konstantin der Große erhob das Christentum zur Staatsreligion. Er ließ die christlichen Schriften einer genauen Prüfung unterziehen, inwieweit ihr Inhalt als staats- und kirchenkonform oder unerwünscht sowie politisch angenehm oder mißliebig eingestuft werden konnte. Bereits das Konzil von Nicäa, das 325 n. Chr. unter der Herrschaft Konstantins tagte, beschloß, die Lehre der Reinkarnation, der Seelenwanderung, als christenfremd und kirchenfeindlich zu deklarieren. Die »correctores«, schreibkundige Gelehrte, die bereinigte Bibelfassungen zu erstellen hatten, mühten sich, möglichst alle Hinweise auf eine denkbare Seelenwanderung aus ihrer Fassung der Heiligen Schrift zu streichen. Ganz gelang es ihnen nicht, wie wir gelesen haben.

Übrigens wurde auch bei diesem Konzil erstmals verbindlich festgestellt, daß Gott und Jesus nicht nur »ähnlich«, sondern wesensgleich seien. Das war bis dahin keineswegs allgemein anerkanntes christliches Glaubensgut. Es gab lang anhaltende Auseinandersetzungen darüber, ob Jesus ganzer Mensch gewesen sei, was manche bestritten, und auch, ob er ganzer Gott gewesen sei, was von Anhängern des sogenannten Arianismus abgelehnt wurde. Der Arianismus hielt sich noch bis ins sechste und siebte Jahrhundert in Europa, zum Beispiel unter Goten, Vandalen, Burgundern und Langobarden. Heute ist unter den Kirchgängern recht wenig bekannt, daß die Glaubensbekenntnisse keineswegs von Jesus stammen, sondern daß es einen jahrhundertelangen Prozeß der Niederschrift und Definierung, der Diskussionen und Dispute darum gab, die meist weniger vom »Heiligen Geist« als von den jeweils vorherrschenden Mächten in Kirche und Staat entschieden wurden.

Eine zentrale Glaubensüberzeugung oder zumindest eine Doktrin des Christentums lautet, daß der »ewige Sohn Gottes, die zweite Person der heiligen Dreieinigkeit, in der Person Jesus Christus Mensch wurde« (*Grolier Lexikon*). Die Menschwerdung wird einheitlich auch als »Inkarnation« bezeichnet. Der Unterschied zwischen der fernöstlichen Reinkarnationslehre und der christlichen Inkarnationslehre – nicht nur Jesu, sondern ebenso der Lehre, daß jede menschliche Seele nicht nur einen fleischlichen, sondern auch einen himmlischen Körper hat, wie wir weiter oben lasen – scheint mir persönlich nicht so gewaltig zu sein, wie das wohl die meisten Kirchenvertreter beurteilen. Es gibt eine verblüffende Deutung des Wirkens Jesu als Erlöser, die von der Existenz einer Seelenwanderung, einer Reinkarnation, ausgeht: Danach habe die Erlösertat Jesu darin bestanden, daß er die ihm »von Gott gegebenen« bzw. »vom Vater zu ihm gezogenen« Menschen durch die Verbindung mit dem Wort von ihren alten »Sünden«, von ihrem bisherigen »Karma« befreit habe, so daß sie nach Ablauf ihres derzeitigen Lebens eben nicht mehr wiederkommen mußten, vom Zyklus der Wiedergeburt also befreit wurden. Mehr zur Frage nach »*Reinkarnation im Neuen Testament*« u.a. im gleichnamigen Buch von James Morgan Pryse sowie in der umfassenden Untersuchung von Ronald Zürrer; siehe Anhang.

Gebote zur menschenwürdigen Ernährung

Im Paradies – sei es nun ein verlorener irdischer Garten Eden, sei es der mythische Ort einer archetypischen Sehnsucht oder sei es ein Zwischenreich der Glückseligkeit auf einer inneren, »astralen« Ebene zwischen Welt und Gott – ist die Frage nach der Form der Nahrung in den Worten der Schöpfungsgeschichte völlig eindeutig beantwortet:

> Und Gott sprach: Sehet da, Ich habe euch gegeben allerlei Kraut, das sich besamt auf der ganzen Erde und allerlei fruchtbare Bäume und Bäume, die sich besamen, zu eurer Speise. Und allen Tieren auf Erden und allen Vögeln unter dem Himmel und allem Gewürm, das das Leben hat auf Erden, daß sie allerlei grünes Kraut essen, und es geschah also. Und Gott sah an alles, was er gemacht hatte, und siehe da, es war sehr gut. 1 Mos 1, 29-31

Auch noch nach der Vertreibung aus dem Paradies bleibt der Auftrag Gottes an Adam und Eva deutlich und unmißverständlich:

> Verflucht sei der Acker deinetwegen, mit Kummer sollst du dich darauf nähren ein Leben lang, Dornen und Disteln soll er dir tragen und [du] sollst das Kraut auf dem Felde essen. 1 Mos 3, 17-18

Hier spricht ein durchaus »alttestamentarischer« Gott, der mehr an einen Racheengel gemahnt als an einen gnadenvollen Herrn und Vater.

Das fünfte Gebot ist noch ebenso völlig eindeutig und unterliegt keiner »kritischen Ausdeutung« oder »symbolisch-mythologischen Interpretation«. Es lautet bekanntlich sehr direkt und einfach:

Du sollst nicht töten. 2 Mos 20,13

Zu der Zeit rief Gott, der Herr Zebaoth, daß man weine und
klage und sich das Haar abschere und den Sack anlege.
Aber siehe da, lauter Freude und Wonne, Rinder töten,
Schafe schlachten, Fleisch essen, Wein trinken: »Lasset uns
essen und trinken, wir sterben doch morgen!« Aber meinen
Ohren ist vom Herrn Zebaoth offenbart: »Wahrlich, diese
Missetat soll euch nicht vergeben werden, bis ihr sterbt«,
spricht Gott, der Herr Zebaoth. Jes 22,13-14

Wir lesen nichts von einer Beschränkung des Tötungsver-
bots auf Menschen, sondern es heißt schlicht und ergrei-
fend: »*Du sollst nicht töten.*«

Denn er wird groß sein vor dem Herrn, Wein und starke
Getränke wird er nicht trinken. Und [er] wird noch im
Mutterleibe erfüllt werden mit dem Heiligen Geist. Lk 1,15

Denn ich habe Lust an der Liebe und nicht am Opfer und
an [der] Erkenntnis Gottes und nicht am Brandopfer.
Hos 6,6

Da [Wenn] sie nun viel opfern und Fleisch herbringen und
essen es, so hat doch der Herr kein Gefallen [daran], sondern
er will ihrer Missetat [oder: Schuld] gedenken und ihre
Sünde heimsuchen daran; sie sollen wieder nach Ägypten
umkehren. Israel vergißt seinen Schöpfer und baut Kirchen
[oder: Paläste] ... Hos 8,13

Im sogenannten Essener-Evangelium lesen wir:

Jesus antwortete: ›... Du sollst Deinen himmlischen Vater
und Deine Erdenmutter ehren und ihre Gebote achten, auf
daß Du lange lebest auf Erden.‹ Und als nächstes wurde
dieses Gebot gegeben: ›Du sollst nicht töten‹, denn Leben
wird allen von Gott gegeben, und das, was Gott gegeben
hat, darf der Mensch nicht wegnehmen. Denn wahrlich, ich
sage euch, von einer Mutter stammt alles, was auf Erden

lebt. Darum tötet jeder, der tötet, auch seinen Bruder . . .
Und ihr Tod [der Tod der geschlachteten Tiere] wird sein
Tod werden. Denn nur im Dienste eures himmlischen Vaters
werden eure Schulden von sieben Jahren in sieben Tagen
vergeben. Doch Satan vergibt euch nichts, und ihr müßt
ihm alles bezahlen. Auge um Auge, Zahn um Zahn, Hand
um Hand, Fuß um Fuß, Brennen um Brennen, Wunde um
Wunde, Leben um Leben, Tod um Tod. Denn der Lohn der
Sünde ist der Tod. Tötet nicht, noch esset das Fleisch eurer
unschuldigen Beute, wenn ihr nicht die Sklaven des Satans
werden wollt. Denn das ist der Pfad der Leiden, und er führt
in den Tod. Sondern tut den Willen Gottes, auf daß seine
Engel euch auf eurem Lebensweg dienen. Gehorcht darum
den Worten Gottes: ›Seht, ich habe euch alle Pflanzen der
ganzen Erde, die Samen tragen, gegeben zu eurer Speise ...‹
(Zitiert aus: *Das Friedensevangelium der Essener*, Buch 1,
S. 33 ff., Verlag Bruno Martin, siehe Anhang.)

In dem Buch *Das Evangelium des vollkommenen Lebens* (S. 235,
siehe Anhang, S. 201) finden wir weitere Hinweise auf die
rein vegetarische Ernährung der Essener und der Nazarener:

»Wenn wir hingegen die noch erhaltenen Schriften jener Zeit,
besonders die der Kirchenväter studieren, so fällt uns die
konsequente Ablehnung jeder tierischen Nahrung auf. Dazu
gehört nämlich auch die Ablehnung jedes Tieropfers und
die Liebe der verschiedenen Heiligen für Tiere als Gefähr-
ten.«

Diese Lebensweise war unter Menschen, die einen höheren
Sinn des Lebens suchten und sich auf die ganz praktische
Suche nach Gotterkenntnis begaben, auch im damaligen
Palästina immerhin so bekannt, daß römische Historiker
darüber ausdrücklich berichteten.

Teil IV

Ergänzende Quellen

In diesem Abschnitt möchte ich Ihnen einige wenige, aber zugleich sehr bedeutende und aufschlußreiche Texte nahebringen, die (bislang) nicht zum Kanon des Neuen Testaments gehören. Ihr Vorhandensein und ihre inhaltliche Aussagekraft sind jedoch inzwischen allgemein als authentisch anerkannt, sowohl im christlichen Raum als auch in außerchristlichen Kreisen. Damit möchte ich zeigen, daß die oben dargelegten Erläuterungen zum *Wort*, zum Heiligen Geist, zum Einzelauge, zur wirklichen Taufe, zum inneren Licht und zum Weg der Religio nicht zu Texten zum selben Thema aus anderen Quellen im Widerspruch stehen, sondern darin vielmehr Bestätigung und Vertiefung erfahren.

Sie werden möglicherweise ebenso überrascht sein, wie ich es anfangs war, daß sowohl Originaldokumente aus der biblischen Zeit als auch Erklärungen späterer christlicher und außerchristlicher Mystiker dieselbe Botschaft vom ewigen Leben der Seele in Gott vermitteln, oft nahezu im gleichen Wortlaut, eine Botschaft, wie wir sie aus der Bibel kennenlernen konnten. Die nicht mehrfach übersetzten oder gar abgeänderten Aussagen der Mystiker sind manches Mal sogar noch unumwundener, noch persönlicher und noch erstaunlicher in ihrer Direktheit und Absolutheit, als wir es in den doch stark redigierten Bibelworten nachlesen können.

Das Thomas-Evangelium

Wer Gott sucht, darf nie aufhören zu suchen, bis er findet.
Wenn er findet, wird er verwirrt sein. Nachdem er verwirrt
ist, wird er staunen.
(Paraphrase des zweiten Verses des Thomas-Evangeliums)

Das Thomas-Evangelium ist eine Sammlung von Aussprü-
chen, Prophezeiungen und Parabeln Jesu. Man führt es auf
Didymos Judas Thomas zurück, der insbesondere innerhalb der Syrischen Kirche als Apostel und »Zwillingsbru-
der« Jesu betrachtet wird. Nach Helmut Koester bezeichnet
das Thomas-Evangelium nicht nur die Erkenntnis des eigenen göttlichen Wesens als Grundlage der religiösen Erfahrung, sondern stellt vielmehr die Erfahrung des eigenen
Ursprungs (aus dem Licht) und des Ziels (die innere Stille
und Gelöstheit) in die Mitte der spirituellen Entfaltung. Um
zum eigenen Ursprung zurückzugelangen, muß sich der
Schüler von der Welt lösen, das körperliche Kleid abstreifen
und sich über die gegenwärtige, vergängliche Existenz erheben. Dann kann er die neue Welt erfahren, das Reich des
Lichts, Friedens und Lebens.

Das koptische Thomas-Evangelium ist zwar die einzige
vollständige Fassung dieses Evangeliums, indes nicht das
alleinige Zeugnis von der Existenz dieses Textes. Während
die koptische Gesamtfassung ungefähr auf 350 n. Chr. datiert wird, wurden griechische Fragmente desselben Textes
auf etwa 200 n. Chr. datiert. Die gegenwärtige Form mag
das Thomas-Evangelium um 100 n. Chr. angenommen haben, obwohl eine frühere Fassung sogar schon um 50 bis
60 n. Chr. existiert haben dürfte. Das Thomas-Evangelium
wurde im Dezember 1945 von einem ägyptischen Bauern
beim Städtchen Nag Hammadi in Oberägypten entdeckt.

Die zuvor erwähnten griechischen Fragmente fand man bereits mehr als ein halbes Jahrhundert zuvor, bei El Bahnasa, gut 220 Kilometer weiter südlich, allerdings ohne ihre Bedeutung sofort zu erkennen.

Die Authentizität des Thomas-Evangeliums ist heute unter Gelehrten unumstritten. Forscher haben festgestellt, daß diese insgesamt 114 Einzeltexte nicht aus der gemeinsamen Quelle »Q« stammen, auf welche sich das Matthäus- und das Lukas-Evangelium weitgehend stützen, sondern daß es sich um ein gänzlich unabhängiges Evangelium handelt, das in Teilen genauso alt oder gar älter sein mag wie die Quelle »Q«. Die Wissenschaftler des »Jesus-Seminars« schreiben dazu:

> »Auf jeden Fall hat die Entdeckung von Thomas [des Thomas-Evangeliums] gezeigt, daß es eine Form der Evangelien-Literatur tatsächlich gab, die aus Aussprüchen bestand und die unter manchen frühen christlichen Gruppen in Gebrauch war. Die Entdeckung hat den Gelehrten auch einen alten und vielversprechenden neuen Fundus von Aussprüchen und Parabeln zur Verfügung gestellt, die Jesus zugeschrieben werden.« (Zitiert aus: *The Five Gospels*, S. 474, siehe Anhang, S.216)

Texte aus dem Thomas-Evangelium mit Anmerkungen

Die Zahlen über den Textzitaten geben die Versnummern nach der international üblichen Fassung dieses Zeugnisses von Thomas über Aussprüche Jesu an.

2

Jesus sagte: Möge, wer sucht, nicht aufhören zu suchen, bis er findet. Wenn er findet, wird er verstört sein. Wenn er verstört wird, wird er sich wundern und er wird über Alles herrschen.

Statt Singular »er« kann es durchaus auch heißen Plural »sie«; statt »wundern« auch »staunen«. Warum könnten wir verstört sein, wenn wir auf unserer Suche etwas finden? Doch wohl nur dann, wenn das, was wir finden, so gar nicht unseren Erwartungen entspricht und unser Weltbild durcheinanderbringt. Zum Beispiel die Auffassung darüber, wie sich der innere Mensch, die Seele, zum äußeren Menschen, zum Körper verhält, oder was die Natur des Wortes ist, was die wahre Taufe darstellt, wer Jesus wirklich war und so fort.

3

... Wenn ihr euch selbst erkennt, dann werdet ihr erkannt, und ihr werdet verstehen, daß ihr Kinder des lebendigen Vaters seid. Falls ihr euch aber nicht selbst erkennt, dann lebt ihr in Armut und ihr seid die Armut.

Ohne Selbsterkenntnis gibt es keine Chance, daß uns Gott erkennt. Selbsterkenntnis kommt vor Gotterfahrung.

Selbsterkenntnis heißt, die Kindschaft nicht nur als »Abhängigkeit« von Gott, sondern auch als Auftrag, seine Erben zu werden, anzunehmen.

5

Jesus sagte: Erkennt, was vor eurem Angesicht ist, und was vor euch verborgen ist, wird euch [dann] enthüllt werden.

Wenn das dritte Auge oder Einzelauge geöffnet ist, schauen wir (bei geschlossenen physischen Augen!) in die Mitte dessen, was vor der Stirn innen zu sehen ist. So können wir mit dem Auge der Seele sehen, was den Augen des Körpers verborgen ist. (Siehe auch den Abschnitt »Die Christus-Meditation« im Schlußteil des Buches.)

11

Dieser Himmel wird vergehen, und der darüber wird vergehen. Die Toten sind nicht lebendig, und die Lebenden werden nicht sterben . . . Wenn ihr im Licht seid, was werdet ihr tun? Am Tage, als ihr Eins wart, wurdet ihr zwei. Wenn ihr aber zwei werdet, was werdet ihr [dann] tun?

Gibt es zwei Himmel? Einen irdischen und noch einen zweiten darüber? So, wie es nach der Johannes-Offenbarung auch zwei Tode geben soll? Könnte dieser zweite Himmel das sein, was in anderen Religionen als Astralebene bezeichnet wird? Wenn die Toten nicht lebendig sind und die Lebendigen nicht sterben werden – was soll das bedeuten? Möglicherweise, daß der irdische Körper nie eigenes Leben ohne den Atem Gottes hat und daß die bewußte Seele niemals stirbt? Offensichtlich ist es unsere Bestimmung, »im Licht« zu sein. In den nächsten beiden Sätzen schimmert so etwas wie eine scheinbar paradoxe Schöpfungserklärung auf: Als die bewußte Gotteskraft *Eins* war, ungeteilt, ungeschaffen, ohne Form, Raum und Zeit, brachte sie sich selbst in der scheinbaren Dualität der Schöpfung zum

Ausdruck. Nun, da wir als Geschöpfe uns »als zwei«, also als »getrennt« von der Einheit erleben, was werden wir dann tun? Unausgesprochen bleibt, daß die erwachende Seele, die sich ihrer »Zweiheit«, ihrer Nicht-Einheit mit Gott bewußt wird, zurück in die Einheit drängt.

12

... Jesus sagte zu ihnen: Gleich, wo ihr auch seid, sollt ihr zu Jakob dem Gerechten gehen, um dessentwillen Himmel und Erde ins Sein gelangten.

Spricht Jesus hier über seine Nachfolge? Er verleiht (seinem Bruder) Jakob die Bezeichnung »der Gerechte«, was vermuten läßt, daß Jakob eine weitaus größere spirituelle Bedeutung zukommt, als allgemein angenommen wird.

13

Jesus sagte zu seinen Jüngern: Vergleicht mich mit etwas und sagt mir, wem ich gleiche. Simon Petrus sagte zu ihm: Du gleichst einem gerechten Engel. Matthäus sagte zu ihm: Du gleichst einem weisen Philosophen. Thomas sagte zu ihm: Meister, mein Mund ist gänzlich unfähig zu sagen, wem du gleichst. Jesus sagte: Ich bin nicht [mehr] dein Meister. Denn du hast getrunken, du bist berauscht von der sprudelnden Quelle, die ich gehegt habe. Und er nahm ihn mit sich und zog sich zurück und sprach drei Dinge zu ihm. Als Thomas zu seinen Freunden zurückkam, fragten sie ihn: Was hat Jesus dir gesagt? Thomas sagte zu ihnen: Falls ich euch [auch nur] eines der Worte sagen würde, die er zu mir gesprochen hat, würdet ihr Steine aufheben und mich steinigen, und Feuer käme aus den Steinen hervor, um euch zu verzehren.

Der sonst ungläubig genannte Thomas wird uns in diesem Vers als ein Jünger dargestellt, der die Einheit von Jesus mit Gott erkennt. Weil Thomas offenbar hohe und höchste

Wahrheiten erfahren hat, ist der äußere Jesus nicht mehr sein Meister, sondern der in Christus sich zum Ausdruck bringende Gott. Was könnte denn Thomas' Mitbrüder so erzürnen, daß sie Thomas steinigen würden, wenn er ihnen mitteilte, was Jesus ihm gesagt hatte? Könnte es sein, daß eben diese Tatsache des Eins-Seins von Jesus mit Gott für die »Durchschnitts-Jünger« zu unglaublich gewesen wäre, weil sie in Jesus mehr den Rabbi, den Lehrer, den Visionär sahen? Oder könnte es sein, daß Thomas das erkennen durfte, was andere Mystiker uns überliefert haben: daß Jesus Gott-Vater selbst war?! Oder noch mehr: daß sogar jeder Mensch potentiell eins mit Gott ist und seine Kindschaft Gottes, seine auch in ihm wohnende Christus-Kraft – Buddhisten würden sagen, seine »Buddhaschaft« – in diesem Leben verwirklichen kann?

17

Jesus sagte: Ich werde euch [dir?] geben, was kein Auge gesehen hat, was kein Ohr gehört hat, was keine Hand berührt hat, was nicht im menschlichen Herzen erwachsen ist.

Was mag das sein? Etwas, was der Mensch nicht mit den Sinnesorganen wahrnimmt, was auch nichts mit Gefühlen des Herzens zu tun hat, sondern was rein geistig ist, rein spirituell, rein göttlich. Das jedoch kann der Mensch nur empfangen, wenn er es als Geist erhält. Gott ist Geist und kann nur im Geiste angebetet und auch nur so erfahren werden.

18

Die Jünger sagten zu Jesus: Sage uns, wie wird unser Ende kommen? Jesus sagte: Habt ihr denn [schon] den Anfang gefunden, daß ihr [bereits] auf das Ende schaut? Seht, das Ende wird sein, wo der Anfang ist. Segen dem, wer im Anfang steht: der wird das Ende erkennen und den Tod nicht schmecken.

Hier fühlt man sich an Aussprüche aus dem Zen erinnert oder an Ramana Maharshis »Suchfrage«: Wer bin ich? Wenn wir erfahren möchten, wohin wir gehen, müssen wir zunächst erkennen, woher wir kommen. »Gut ist es zu haben, wohin man geht«, sagt ein Vers aus dem Taoismus. Das Ziel tragen wir in uns, das Ende kennen wir, wenn wir vom Ausgangspunkt wissen, wenn wir den Anfang sehen. Was oder wer waren wir vor unserer physischen Geburt? Denn die ist ja nun wirklich nicht der Beginn des Lebens. Wo liegt dieser? Bei der Entwicklung des Embryos? Bei der Empfängnis? Im Zeitpunkt der Schöpfung der Seele, des Bewußtseins? Woher kommt unser Bewußtsein? Aus der Materie oder gar aus dem »Nichts«? Kommt Licht aus Dunkelheit, kommt Liebe aus Haß? Wenn wir die Frage nach dem Anfang ernst nehmen und um Antworten bitten – Gott, Christus, die Schöpferkraft, den Heiligen Geist – wie immer Ihr privater Zugang aussehen mag –, dann werden uns Antworten geoffenbart.

19

Jesus sagte: Segen dem, der wurde, ehe er noch ins [körperliche] Sein gelangte. Falls ihr meine Jünger werdet und meine Worte beachtet, werden euch [sogar] diese Steine dienen. Denn es gibt fünf Bäume im Paradies für euch; sie verändern sich weder im Sommer noch im Winter und ihre Blätter fallen nicht. Jeder, der sie [die »Bäume«] [er]kennt, wird den Tod nicht schmecken.

Eine andere Übertragung lautet ». . . werden euch die Steine belehren« statt »dienen«. Was mag mit den »fünf Bäumen« gemeint sein? Einigen mystischen Lehren zufolge könnte es sich dabei um fünf innere Stadien der Entfaltung der Seele oder Wege zu Gott handeln.

Seine Jünger sagten: Zeige uns den Ort, wo du bist, denn wir müssen ihn [auf]suchen. Er sagte zu ihnen: Jeder hier mit Ohren höre besser zu: Es gibt Licht in einem Menschen des Lichts, und es scheint auf die ganze Welt. Falls es [er?] nicht scheint, ist es [in der Welt] dunkel.

Das erinnert an: *Wisset ihr nicht, daß ihr der Tempel Gottes seid und der lebendige Geist in euch wohnt? Das Licht scheint in der Finsternis und die Finsternis hat's nicht ergriffen . . .* Nur das Licht des Wortes schenkt ewiges, schattenloses Licht und ewiges Leben. Wo Menschen nicht für die Wahrheit Gottes in sich und in der ganzen Schöpfung erwacht sind, bleibt es finster.

Jesus sagte: Ich nahm meinen Platz in der Mitte der Welt ein, und im Fleisch erschien ich ihnen. Ich fand sie alle trunken, und ich fand nicht einen unter ihnen, der durstig war. Meine Seele schmerzte für die Kinder der Menschheit, weil sie blind in ihren Herzen sind und nicht sehen, denn sie kamen leer in die Welt, und sie wollen aus der Welt auch leer fortgehen. Doch in der Zwischenzeit sind sie betrunken. Wenn sie ihren Wein abschütteln, werden sie ihre Wege ändern.

Wir Menschen sind (noch) nicht bereit, die Botschaft zu hören und die Gaben der Religion, der Rückverbindung unserer Seele mit Gott durch den Gottessohn anzunehmen. Das schmerzt jeden Menschen, der erwacht und voller Liebe ist, um wieviel mehr einen bewußt wirkenden Gottessohn!

Jesus sagte: Falls das Fleisch entstanden ist wegen des Geistes, so ist das ein Wunder, falls aber der Geist ins Sein kam wegen des Körpers, so ist das ein Wunder aller Wunder. In der Tat bin ich erstaunt, wie dieser große Reichtum Wohnstatt in dieser Armut genommen hat.

Wie kann es sein, daß nicht nur der Tropfen im Meer aufgeht, sondern gleichzeitig das Meer im Tropfen? Es ist wunderbar, daß der Geist sich einen Körper erschaffen hat. Noch verwunderlicher ist es indes, daß das *Wort*, daß der Geist Christi – ohne selbst eines Körpers zu bedürfen! – wegen unserer verfinsterten Körper, in denen die Seele umnachtet ist, in einen Körper kam, um uns auf diese Weise aus dem Schlaf zu wecken und unsere Seele vom Tode zu erlösen.

38

Jesus sagte: Oft habt ihr gewünscht, diese Worte zu hören, die ich [jetzt] zu euch spreche, und ihr habt keinen anderen, von dem ihr sie hören könnt. Es wird Tage geben, wenn ihr mich sucht und ihr mich nicht finden werdet.

Hier weist Jesus darauf hin, daß seine Zeit, in der Welt zu wirken, begrenzt ist.

44

Jesus sagte: Wer immer den Vater lästert, dem wird vergeben, und wer immer den Sohn lästert, dem wird vergeben, wer immer aber den Heiligen Geist lästert, dem wird nicht vergeben, weder auf Erden noch im Himmel.

An Gott nicht zu glauben oder ihn zu verleugnen, zu Christus nicht zu finden oder ihn zu beleidigen – das mag vergeben werden. Aber abzustreiten, daß es eine große schöpferische Kraft gibt, die alles geschaffen hat – den Heiligen Geist, das *Wort*, das Leben – und sie zu beschimpfen, das ist eine »Sünde wider den Geist«. Gott mag vergeben, der barmherzige Gottessohn mag gnädig sein – die in uns selbst lebende und uns durch und durch erhaltende Kraft des Lebens zu leugnen und zu lästern, ist soviel, wie sich selbst zu verleugnen und sich eigenhändig zu töten. Damit richten wir uns unbarmherzig selbst!

45

Jesus sagte: Trauben werden nicht von Dornbüschen geerntet, noch werden Feigen von Disteln gesammelt, denn sie [beide] erbringen keine Frucht. Gute Menschen bringen Gutes hervor aus dem, was sie angesammelt haben, schlechte Menschen bringen Böses hervor aus dem Übel, das sie in ihren Herzen angesammelt haben und [sie] sprechen böse Dinge. Denn aus dem Überfluß des [ihres] Herzens bringen sie Böses hervor.

Die Lehre von Ursache und Wirkung, das »Was du säest, das wirst du ernten« oder das »Karma-Gesetz« Asiens finden hier ihren Widerhall.

50

Jesus sagte: Falls sie euch sagen: Woher kommt ihr?, sagt zu ihnen: Wir sind vom Licht gekommen, vom Ort, an dem das Licht aus sich selbst heraus ins Sein kam, sich selbst niederließ [ausbreitete?] und in ihrem [?] Bildnis erschien. Falls sie euch sagen: Seid ihr es?, sagt: Wir sind seine [des Lichtes] Kinder und wir sind die Erwählten des lebendigen Vaters. Falls sie euch fragen: Was ist der Beweis, daß euer Vater in euch ist?, so sagt ihnen: Es ist Bewegung und Ruhe.

Unser Ursprung, unser Anfang ist das Licht. Wir sind Kinder des göttlichen Lichts. Arbeit und Gebet, Wirken und Meditieren, Yang und Yin, Aktivität und Passivität sind die jeweils sich ergänzenden Prinzipien des geschaffenen Seins.

51

Seine Jünger sagten zu ihm: Wann wird sich die Ruhe für die Toten ereignen, und wann wird die neue Welt kommen?

Er sagte zu ihnen: Was ihr [noch] erwartet, ist [bereits] gekommen, aber ihr wißt [erkennt] es nicht.

Das Reich Gottes kommt nicht mit äußeren Gebärden, es ist inwendig in euch ... Die »neue Welt« ist in jedem Menschen angelegt, das Reich Gottes ist bereits im Tempel Gottes, dem menschlichen Körper und innerhalb der menschlichen Lebensspanne zugänglich.

52

Seine Jünger sagten zu ihm: Vierundzwanzig Propheten haben in Israel gesprochen, und sie alle sprachen von dir. Er sagte ihnen: Ihr habt den Lebendigen, der in eurer Gegenwart ist, mißachtet und von den Toten gesprochen.

Jeder Prophet hat seine Zeit. Nicht mehr lebende Propheten sind weniger bedeutungsvoll als derjenige Gottessohn, der unter uns weilt. *Das Wort ward Fleisch und wohnte unter uns.* ... Der lebende Meister, die Christus-Kraft, die sich in einem Körper ausdrückt, ist größer als alle anderen Heiligen, Weisen und Propheten, die früher lebten und jetzt vielleicht aufgestiegen sein mögen, zusammen.

59

Jesus sagte: Seht auf den Lebendigen, solange ihr lebt, sonst könntet ihr sterben und dann versuchen, den lebendigen Einen zu sehen, und ihr werdet [dann] unfähig sein, [ihn] zu sehen.

Nur, solange wir Menschen unser irdisches Leben haben, können wir Erlösung erlangen. Danach nicht mehr! Das ist übrigens ein indirekter Beleg dafür, daß es auch vor Jesus Gottessöhne gegeben haben muß, die suchende Seelen erlösten, weil Menschen eben nur während ihres Erdenlebens aus der Relativität oder sogar Illusion ihrer Körperlichkeit herausgehoben und als bewußte Seelen in das Reich Gottes geleitet werden können.

Jesus sagte: Falls ihr das hervorbringt, was in euch ist, [dann] wird euch erretten, was ihr habt. Falls ihr das nicht habt, was in euch ist, wird euch das, was ihr nicht in euch habt, töten.

Gut ist es zu haben, wohin man geht. Wer hat, dem wird gegeben; wer nicht hat, dem wird genommen. Wenn wir das Licht in uns sehen, wenn wir durch die enge Pforte eintreten, dann können wir das göttliche Lebensprinzip in uns entfalten. Wenn nicht, sterben wir an unserer eigenen falschen Identifikation mit dem sterblichen Körper.

76

Jesus sagte: Des Vaters Reich gleicht einem Händler, der viel Ware besitzt und dann eine Perle fand. Jener Händler war klug: er verkaufte die [alle] Ware und kaufte die einzelne Perle für sich selbst. So sei es auch mit euch, sucht nach seinem Schatz, der nie versiegt, der dort ist, wo keine Motte ihn essen und kein Wurm ihn zerstören kann.

»Was nützte es dem Menschen, wenn er die ganze Welt gewönne und nähme doch Schaden an seiner Seele?« »Mein Reich ist nicht von dieser Welt.« »Om mani padme hum – oh du Juwel in der Lotusblüte.« »Wer sein Leben um meinetwegen gibt, der wird es finden.« Die »viele Ware« sind unsere weltlichen Besitztümer und Fähigkeiten, unsere Gefühle und Gedanken, unsere Absichten und Hoffnungen. Die Perle ist der »Stein der Weisen«, der »Gral«, das »Juwel in der Lotusblüte«, die unsterbliche Seele. Unser wahrer Schatz ist die Gnade des Allmächtigen, uns zu sich zu nehmen, wenn wir unser Antlitz ihm nur zuwenden.

77

Jesus sagte: Ich bin das Licht, das über allen Dingen ist. Ich bin alles: aus mir entsprang alles und zu mir ist alles

gelangt. Spalte einen Holzscheit, ich bin da. Hebe einen
Stein auf, und ihr werdet mich dort finden.

Jesus ist eins geworden mit dem Wort, die Christus-Kraft
ist eins mit dem Heiligen Geist – wo wäre er nicht?

83

Jesus sagte: Bilder sind den Menschen [dem Volk] sichtbar,
aber das Licht in ihnen ist verborgen im Bild des Lichtes
des Vaters. Er wird offenbar [werden], aber sein Bild wird
von seinem Licht verborgen [bleiben].

Äußere Bilder, mit den physischen Augen betrachtet, sind
uns allen sichtbar. Es gibt aber ein anderes, ein inneres
Sehen, mit dem Einzelauge, dem »dritten Auge«. Damit
sehen wir das göttliche Licht. Wer ist Gott? Wie »sieht« Gott
aus? Das wird von seinem Licht verborgen. Wir müssen uns
in sein Licht einlassen, um ihn zu finden.

84

Wenn Ihr euer Abbild seht, seid ihr glücklich. Aber wenn
ihr eure Bildnisse seht, die vor euch entstanden und die
weder sterben noch sichtbar werden, wieviel habt ihr dann
[daran] zu tragen!

Unsere Gestalt ist uns angenehm, die menschliche Form ist
uns vertraut. Die geistige Kraft jedoch, aus der wir entstanden sind, und ihr »Ur-Bild«, das weder geboren ist noch
sterben kann, übersteigt unser Fassungsvermögen.

87

Jesus sagte: Wie elend ist der Körper, der von einem Körper
abhängig ist, und wie elend ist die Seele, die von diesen
beiden abhängt.

Gibt es zwei Körper? Einen menschlichen, irdischen,
»fleischlichen« und einen jenseitigen, astralen, »himmli-

155

schen«? Muß sich die Seele, das göttliche Bewußtsein, das wir sind – während wir diese beiden Körper »haben« –, von beiden lösen? Dann würde dieser Vers einleuchten.

89

Jesus sagte: Warum wascht ihr das Äußere der Schale? Versteht ihr nicht, daß jener, der das Innere gemacht hat, auch der ist, welcher das Äußere gemacht hat?

Warum widmen wir der Außenwelt soviel Aufmerksamkeit? Warum kümmern wir uns so sehr um unser Körperleben? Ist es nicht an der Zeit, daß wir uns um das Innere sorgen und jene Kraft suchen, die beides geschaffen hat?

100

. . . Er sagte zu ihnen: Gebt dem Kaiser, was dem Kaiser gehört, gebt Gott, was Gott gehört, und gebt mir, was mein ist.

Eine interessante Textvariante: Des Kaisers sind die Steuern, der Welt gehört unser weltliches Streben. Gott gehört Ehrfurcht und Ehrerbietung. Was ist Jesu? Was schulden wir Christus? Was erwartet der Erlöser, der unseretwegen Mensch geworden ist, von uns? Gehör, um unserer selbst willen; Achtung, um unserer Seele willen; Liebe, um uns für Seine Gnade zu öffnen, die Er immerfort schenkt.*

---

* Für die hier vorliegenden Textfassungen habe ich vor allem auf folgende Veröffentlichungen zurückgegriffen, die auch in der Bibliographie im Anhang erwähnt werden:
The Five Gospels: The Search For The Authentic Words Of Jesus – What Did Jesus Really Say?; Hrsg. »Jesus Seminar«
Das Thomasevangelium – Seine östliche Spiritualität; von E. van Ruysbek und M. Lessing (Aus diesen beiden Werken habe ich auch die Numerierung der Verse übernommen; es gibt gelegentlich Abweichungen um eine Verszahl.)
Die verwendeten Aussprüche des Thomas-Evangeliums wurden von mir auch verglichen mit Fassungen aus den folgenden drei Werken:
The Nag Hammadi Library; Hrsg. James M. Robinson
The Other Bible; Hrsg. Willis Barnstone; Robert M. Grant & David Noel Freedman
The Secret Sayings of Jesus; von Robert M. Grant und David Noel Freedman

Das Innere Markus-Evangelium

Dieses Evangelien-Fragment wird im englischen Sprachgebrauch gern *The Secret Gospel of Mark*, also »Das Geheime Markus-Evangelium«, genannt, womit es vom »öffentlich gemachten Markus-Evangelium«, dem uns bekannten, abgegrenzt wird. Es liegt als Fragment eines griechisch verfaßten Briefes von Clemens von Alexandrien vor, eines Kirchenschreibers, der am Ende des zweiten nachchristlichen Jahrhunderts lebte. Es wurde 1958 von Morton Smith im Kloster von Mar Saba entdeckt, in der Wüste knapp zwanzig Kilometer südöstlich von Jerusalem entfernt. Der Inhalt des Fragments bezieht sich im wesentlichen auf ein Wunder, das Jesus vollbringt, indem er einen toten jungen Mann wieder zum Leben erweckt, und auf die Mitteilung, daß es unterschiedliche Enthüllungsebenen für die Lehren Jesu gibt, je nach »Einweihungsgrad« des betreffenden Menschen. Ron Cameron, Verfasser des Buchs *The Other Gospels* (Die anderen Evangelien), schreibt in seiner Einleitung dazu (zitiert nach Ron Cameron, *The Other Gospels*, in Willis Barnstone, *The Other Bible*, S. 339 ff.; siehe Anhang; Camerons eigenes Buch, *The Other Gospels*, erschien bei Westminster Press, Philadelphia, 1982, dort S. 67-70):

»Vor allem hat uns die Entdeckung des Geheimen Markus-Evangeliums in neue Tatsachen ohnegleichen über die verschiedenen Fassungen des Markus-Evangeliums eingeweiht. Sie hat unsere Aufmerksamkeit auf die weitverbreitete esoterische Tradition unter den frühesten Jesus-Gläubigen gerichtet . . . Das Geheime Markus-Evangelium stellt ein zusätzliches Zeugnis dar über die Unsicherheit [»instability«] der Evangelien-Texte und Evangelien-Manuskripte in den ersten beiden Jahrhunderten A.D. . . . das kanonische [oder »öffentliche«] Markus-Evangelium scheint eine gekürzte Fassung des Geheimen Markus-Evangeliums zu sein.«

Nun einige wörtliche Zitate aus diesem Evangelien-Fragment (zitiert nach Willis Barnstone, *The Other Bible*, S. 341 ff.; siehe Anhang):

»Was nun Markus betrifft, so schrieb er während Petrus' Aufenthalt in Rom einen Bericht von den Werken des Herrn, jedoch offenbarte er sie nicht alle noch wies er auf die geheimen [Werke] [auch nur] hin, sondern [er, Markus] wählte jene aus, die er als am geeignetsten betrachtete, um den Glauben jener zu mehren, die unterrichtet wurden. Als aber Petrus als Märtyrer starb, kam Markus herüber nach Alexandria und brachte sowohl seine eigenen Niederschriften wie jene des Petrus, aus denen er in sein früheres Buch die Dinge übertrug, die geeignet waren, den Fortschritt zum Wissen zu fördern. So stellte er ein mehr spirituelles Evangelium zusammen zum Nutzen derer, die sich im Prozeß der Vervollkommnung befanden. Allerdings gab er nicht die Dinge preis, die nicht ausgesprochen werden sollten [durften?], noch schrieb er die Einweihungslehre des Herrn nieder, sondern er fügte den bereits geschriebenen Geschichten weitere hinzu und brachte darüber hinaus bestimmte Aussagen ein, von denen er als ›Mystagoge‹ [Mysterien-Priester] wußte, daß ihre Ausdeutung den Hörer [Leser] in das innerste Allerheiligste jener Wahrheit führen würde, die von sieben Schleiern verhüllt ist . . . Denn ›Nicht alle wahren Dinge sollen allen Menschen gesagt werden.‹ Aus diesem Grund hält uns die Weisheit Gottes durch Salomon an: ›Antworte einem Narren entsprechend seiner Torheit‹, und lehrt uns, daß das Licht der Wahrheit vor denen verborgen sein soll, die geistig blind sind. Und wiederum heißt es: ›Von ihm, der nicht hat, soll fortgenommen werden‹, und ›Laß den Narren in Dunkelheit wandern.‹ Wir

aber sind ›Kinder des Lichts‹, da wir von der ›Tagesquelle‹
des Geistes des Herrn ›von hoch oben erleuchtet wurden‹,
und ›Wo der Geist des Herrn ist‹, heißt es, ›dort ist Freiheit‹,
denn ›Dem Reinen ist alles rein.‹«

Das Friedensevangelium der Essener

»Beinahe zweitausend Jahre gingen vorüber, seit der Menschensohn die Menschheit ›den Weg, die Wahrheit und das Leben‹ lehrte. Er brachte den Kranken Gesundheit, den Unwissenden Weisheit und Seligkeit denen im Elend. Er eroberte die halbe Menschheit und die ganze westliche Zivilisation. Diese Tatsache beweist die ewige Lebenskraft der Worte des Meisters und ihren hohen und unvergleichlichen Wert. [Die Texte des Essener-Evangeliums beruhen auf Manuskripten], die auf Aramäisch in den Archiven des Vatikans und in altem Slawisch in den königlichen Archiven der Habsburger [heute im Besitz der österreichischen Regierung] existieren. Wir verdanken die Existenz dieser zwei Versionen den nestorianischen Priestern, die unter dem Druck der vorrückenden Horden des Dschingis Khan gezwungen waren, vom Osten in den Westen zu fliehen, und die dabei alle ihre alten Schriften und Ikonen mitnahmen. Die alten aramäischen Texte stammen aus dem dritten Jahrhundert nach Christus, und die alte slawische Version ist deren wörtliche Übersetzung. Wie die Texte tatsächlich von Palästina ins innere Asien in die Hände der nestorianischen Priester gelangten, können die Archäologen uns noch nicht rekonstruieren. Wir haben dem Text nichts hinzuzufügen, er spricht für sich selbst. Der Leser ... wird die ewige Lebenskraft und das machtvolle Zeugnis dieser grundlegenden Wahrheiten fühlen, welche die Menschheit heute dringender benötigt als je zuvor.«

Das schrieb der geniale Forscher und geduldige Sprachgelehrte Edmond Bordeaux Székely im Vorwort zur ersten Ausgabe des Essener-Evangeliums im Jahre 1937. Das erste Buch dieses Evangeliums zeigt, daß Jesus die natürlichen

160

Heilkräfte der Luft, des Lichts, der Erde und des Wassers kannte, die in Verbindung mit einer spirituellen Lebenspraxis den Menschen von innen her erneuern und ihm ein Leben ohne Krankheiten schenken können. Daß zu dieser spirituellen Lebensweise nach den Essener-Lehren auch eine reine, pflanzliche Ernährung mit »Lebens«-Mitteln, mit lebendiger Nahrung aus Körnern, Früchten sowie Kräutern und Pflanzen und klarem Wasser, gehörte, sei am Rande angemerkt.

Das zweite Buch stellt eine göttliche Vision Enochs vor, nennt die Zehn Gebote Mose, beschreibt die innige Kommunikation mit Engeln (dem Engel der Sonne, des Wassers, der Luft, der Erde, des Lebens, der Freude, der Kraft, der Liebe, der Weisheit, des ewigen Lebens, der Arbeit, des Friedens sowie mit der Erden-Mutter und dem Himmlischen Vater), berichtet über den siebenfachen Pfad Jesu (Frieden mit dem Körper, dem Gemüt, der Bruderschaft, der Menschheit, der Weisheit der Zeiten, dem Reich der Erden-Mutter und dem Reich des Himmlischen Vaters) und bringt schließlich noch Auszüge aus dem johannäischen Essener-Evangelium und der Essener-Offenbarung.

Das dritte Buch greift die Themen des zweiten wieder auf und vertieft sie und geht insbesondere auf die Engelkräfte näher ein.

Das vierte Buch offenbart auf sehr eindrucksvolle und anschauliche Weise, daß es tatsächlich eine »innere Lehre« der Re-ligio, der Verbindung mit der Kraft des Heiligen Geistes, gegeben haben muß. Diese Kraft besitzt drei erfahrbare Aspekte: den *Heiligen Lebensstrom*, den *Heiligen Tonstrom* und den *Heiligen Lichtstrom*. Die Tatsache, daß es eine »innere Lehre« gegeben hat, wird übrigens durch das Fragment des »Geheimen« oder »Inneren« Markus-Evangeliums« nachdrücklich unterstrichen (siehe die Zitate dort).

Nun ein längeres Zitat zum Thema »Innere Lehre« aus dem Buch Vier des Friedensevangeliums der Essener, das im Englischen *The Teachings Of The Elect*, deutsch also etwa »Die Lehren der Erwählten«, heißt:

»In den innersten Kreis seid ihr gekommen, in das Geheimnis der Geheimnisse, das bereits alt war, als unser Vater Enoch noch jung war und auf der Erde wandelte . . . Nun sollt ihr die drei Gesetze der Engel erfahren, das Mysterium der drei Heiligen Ströme und den alten Weg, sie zu durchqueren; damit ihr im Lichte des Himmels badet und endlich die Offenbarung des Geheimnisses der Geheimnisse erblickt: das Gesetz Gottes, das Eines [der Einer] ist. Nun in der Stunde vor dem Aufgang der Sonne, gerade bevor die Engel der Erden-Mutter der still schlafenden Erde Leben einhauchen, dann tretet ihr in den Heiligen Strom des Lebens ein . . .

Und wenn die Sonne hoch in den Himmeln steht, dann sollt ihr den Heiligen Strom des Tons [Klangs] suchen. In der Hitze der Mittagszeit sind alle Kreaturen still und suchen den Schatten; die Engel der Erden-Mutter schweigen im Raum. Dann könnt ihr den Heiligen Tonstrom in eure Ohren hineinlassen, denn man kann ihn nur in der Stille wahrnehmen . . . Wahrhaftig, das ist die Stimme Gottes, wenn ihr es nur erkenntet. Denn wie es geschrieben steht: im Anfang war der Ton, und der Ton war mit Gott, und der Ton war Gott. Ich sage euch wahrhaftig: wenn wir geboren werden, treten wir in die Welt ein mit dem Ton Gottes in unseren Ohren, sogar mit dem Gesang des großen Himmelschores und dem heiligen Lied der Sterne in ihrem festen Rund. Es ist der Heilige Tonstrom, welcher die Weiten der Sterne durchquert und das unendliche Reich des Himmlischen Vaters kreuzt. . . . Horcht also darauf im Schweigen des Mittags, badet darin, und laßt den Rhythmus der Musik Gottes in euren Ohren schlagen, bis ihr eins mit dem Heiligen Tonstrom seid. Es war dieser Ton, der die Erde und die Welt bildete und die Berge hervorbrachte und die Sterne auf ihre Throne der Herrlichkeit in den höchsten Himmeln setzte . . .

Und wenn Dunkelheit sanft die Augen der Engel der Erden-Mutter schließt, dann sollt auch ihr schlafen, damit sich euer Geist den unbekannten Engeln des Himmlischen Vaters anschließe. Und in den Augenblicken, bevor ihr schlaft, dann sollt ihr an die hellen und herrlichen Sterne denken, die weißen, strahlenden, weithin gesehenen und weit vordringenden Sterne . . . Laßt eure Gedanken vor dem Schlaf mit den Sternen sein; denn die Sterne sind Licht, und der Himmlische Vater ist Licht, sogar das Licht, das tausendmal strahlender als die Helligkeit von tausend Sonnen ist. Tretet in den Heiligen Strom des Lichts ein, damit die Fesseln des Todes ihre Macht für immer verlieren, und – indem ihr euch von den Banden der Erde frei macht – steigt den Heiligen Lichtstrom empor in das unendliche Reich des Himmlischen Vaters. Entfaltet eure Schwingen des Lichts und im Auge eures Geistes fliegt mit den Sternen in die entferntesten Reiche der Himmel, wo ungezählte Sonnen voller Licht gleißen. Denn am Anfang der Zeiten sagte das Heilige Gesetz: Es werde Licht, und es ward Licht. Und ihr werdet eins mit ihm sein und die Kraft des Heiligen Lichtstroms wird euren ganzen Körper erfüllen und ihr werdet vor seiner Macht zittern . . .

Ich sage euch wahrhaftig: eure Körper wurden nicht nur gemacht, um zu atmen, zu essen und zu denken, sondern sie wurden auch gemacht, um in den Heiligen Lebensstrom einzutreten. Und eure Ohren wurden nicht nur gemacht, um die Wörter der Menschen, die Lieder der Vögel und die Musik des Regens zu hören, sondern sie wurden auch gemacht, um den Heiligen Tonstrom zu hören. Und eure Augen wurden nicht nur gemacht, um die aufsteigende oder untergehende Sonne zu sehen, die wogenden Kornähren und die Worte der Heiligen Schriftrollen, sondern sie wurden auch gemacht, um den Heiligen Lichtstrom zu sehen. Eines Tages wird euer Körper zur Erden-Mutter zurückkehren, genauso wie eure Ohren und eure Augen. Der Heilige

Lebensstrom aber, der Heilige Tonstrom und der Heilige Lichtstrom – diese wurden nie geboren und können niemals sterben. Tretet ein in die Heiligen Ströme, eben in jenes Leben, jenen Ton und jenes Licht, das euch gebar – damit ihr das Reich des Himmlischen Vaters erreichen könnt und mit ihm eins werdet, so wie sich der Fluß in das weit entfernte Meer ergießt. Mehr als dies kann nicht gesagt werden, denn die Heiligen Ströme nehmen euch an jenen Ort, wo es keine Worte mehr gibt, und selbst die Heiligen Schriftrollen können die Mysterien dort nicht aufzeichnen.«*

---

* Zitiert aus: *The Essene Gospel Of Peace – Book Four: The Teachings Of The Elect*, S. 41-44. Die Schriften des Friedensevangeliums der Essener wurden (und werden?) von der »International Biogenic Society and the First Christians' (Essene) Church« in Matsqui, British Columbia, herausgegeben. Auf deutsch sind sie im Verlag Bruno Martin, Südergellersen, erschienen; siehe auch Anhang.

Aussagen großer Mystiker

Kommen wir nun zu einigen Zeugnissen christlicher Mystiker, die lange nach Jesu Christi lebten, zu dem, was Thomas von Kempen »Die Nachfolge Christi« genannt hat. In manchen der folgenden Texte werden wir ausdrücklich dazu aufgefordert, selbst und unmittelbar die Rückverbindung mit Gott aufzunehmen. Und es wird uns versichert, daß dies nicht nur möglich, sondern gewissermaßen unsere Geburtspflicht sei.

Hildegard von Bingen

Hildegard von Bingen war Benediktiner-Nonne und später Äbtissin. Bekannt wurde sie bereits zu Lebzeiten als Mystikerin, Verfasserin religiöser Schriften und Korrespondentin und Mahnerin höchster kirchlicher und weltlicher Würdenträger und Herrscher. Sie lebte von 1098 bis 1179. Ihre Visionen beschrieb sie in ihrem Werk *Scivias – Wisse die Wege*. Ihr erstes »Erleuchtungs-Erlebnis« stellte sie so dar:

»Im Jahre 1140 der Menschwerdung Jesu Christi, des Gottessohnes, als ich zweiundvierzig Jahre und sieben Monate alt war, kam ein feuriges Licht mit Blitzesleuchten vom offenen Himmel hernieder. Es durchströmte mein Gehirn und durchglühte Herz und Brust gleich einer Flamme, die jedoch nicht brannte, sondern wärmte, wie die Sonne den Gegenstand erwärmt, auf den sie ihre Strahlen legt. Nun erschloß sich mir plötzlich der Sinn der Schriften, des Psalters, des Evangeliums und der übrigen Bücher des Alten und Neuen Testaments ... Die Kraft und das Mysterium verborgener, wunderbarer Gesichte erfuhr ich geheimnisvoll in meinem Innern seit meinem Kindesalter, das heißt, seit meinem fünften Lebensjahr, so wie auch heute noch ... Die Gesichte, die ich schaue, empfange ich nicht in traumhaften Zuständen, nicht im Schlafe oder in Geistesgestörtheit, nicht mit den Augen des Körpers oder den Ohren des äußeren Menschen und nicht an abgelegenen Orten, sondern wachend, besonnen und mit klarem Geiste, mit den Augen und Ohren des inneren Menschen, an allgemein zugänglichen Orten, so wie Gott es will. Wie das geschieht, ist für den mit Fleisch umkleideten Menschen schwer zu verstehen.«

Licht spielt wie bei allen mystischen Erfahrungen so auch für Hildegard von Bingen eine entscheidende Rolle. Das Lichterleben ist nicht Einbildung, Traum oder Rausch, sondern erlebte Wirklichkeit. Das Licht bringt Wärme und vor allem inneres Verstehen mit sich, es offenbart den bislang verborgenen Sinn der heiligen Schriften. Die von ihr geschauten Visionen nimmt sie nicht mit den physischen Sinnesorganen wahr, sondern mit den inneren Augen und Ohren. Es bedarf keiner »magischen« Orte, sondern ist offensichtlich immer dann und dort möglich, wann und wo Gott es will. Der Begriff des »mit Fleisch umkleideten Menschen« bezeichnet jene, die sich nur ihrer Körperform bewußt sind, diese als die einzige Realität erleben und (noch) keinen Einblick in die geistige Wirklichkeit erlangt haben.

Meister Eckehart

Meister Eckehart (um 1260–1327) gilt als einer der bedeutendsten Mystiker des europäischen Mittelalters. Der Dominikaner-Mönch war Prior in Straßburg und Leiter des Ordensstudiums in Köln. Die Kirche eröffnete gegen ihn ein Inquisitionsverfahren, ein Teil seiner Aussprüche wurde verboten, er starb vor Beendigung des Verfahrens. Vor allem aus asiatischer Sicht wird Meister Eckehart oft mit höchsten Zen-Meistern verglichen oder auch als »Buddha des Westens« bezeichnet.

Hier einige Zitate, die zeigen, daß Meister Eckehart in höchste mystische Dimensionen vorgestoßen war, in denen kirchliche Dogmen nicht mehr zählten, statt dessen kam es nur auf unmittelbare eigene Gotteserfahrung an.

>Wer zum höchsten Adel seines Wesens gelangen will und zur Anschauung des höchsten Gutes, das Gott selber ist, der muß ein Erkennen seiner selbst haben, wie auch der Dinge, die um ihn sind, bis zum Höchsten. Nur so gelangt er zu seiner wahren Lauterkeit. Darum, mein lieber Mensch, lerne du dich selbst erkennen; das ist dir besser, als wenn du alle Kräfte der Kreatur kenntest.«

Damit wird jene Bedingung angesprochen, die zur Lösung des Rätsels der menschlichen Existenz notwendig ist: Selbsterkenntnis, oder wie es über dem Tempel von Delphi verewigt wurde: »Mensch, erkenne dich selbst.«
Meister Eckehart fährt fort:

>Wie du aber dich selber erkennen kannst, dazu merke zweierlei Weise. Zuerst siehe zu, wie es um deine äußeren Sinne steht: Das Auge steht allezeit dem Bösen ebenso bereit zum Sehen wie dem Guten; ebenso das Ohr dem Hören, und so ist es mit allen Sinnen. Darum müßt ihr euch mit großem Ernst dem Guten zuwenden. Sodann vernehmt von den inneren Sinnen . . . Denn was die Seele empfängt, das empfängt sie durch den Willen und anders nicht. Durch die Gnade des höchsten Gutes werden die anderen Vermögen in der Einheit einer Natur gekräftigt, und da wird dann das Licht entzündet in der Kraft des Heiligen Geistes. Und aus diesem Licht werden alle Werke der Seele gewirkt. Eine wahre Urkunde dieses gnädiglichen Lichts ist es, wenn dann ein Mensch mit freiem Willen sich abwendet von den vergänglichen Dingen und sich hinkehrt zu dem höchsten Gute, das Gott selber ist.«

Beide Texte Eckeharts oben stammen aus dem II. Traktat, »Von der Selbsterkenntnis oder: Von der Vollendung der

Seele« (zitiert aus: Meister Eckehart – *Vom Wunder der Seele*, S. 13 ff., Reclam Universalbibliothek Stuttgart 1973).

Der Wille, der freie Wille zumal, hatte also auch in Meister Eckeharts Weltsicht große Bedeutung. Zuerst kommt die Gnade, welche das Licht und die Kraft des Heiligen Geistes schenkt. Daraus erwächst die Fähigkeit der Seele, sich aus freiem Willen dem zuzuwenden, was ewig ist. Er beschreibt drei Wege der Seele dorthin.

> »Die Seele hat drei Wege zu Gott. Der eine ist dies: mit . . . brennender Liebe in allen Kreaturen Gott zu suchen. . . Der zweite Weg ist ein wegloser Weg, frei und doch gebunden, wo man willen- und bildlos über sich und alle Dinge weithin erhaben und entrückt ist, wiewohl es doch noch keinen wesenhaften Bestand hat . . . Der dritte Weg heißt zwar Weg und ist doch ein Zuhause-Sein: Gott zu schauen unmittelbar in seinem Sein. . . Auf diesem Wege von Gott hineingeleitet vom Lichte seines Wortes und umfangen von der Liebe des Geistes ihrer beider, das geht über alles, was man in Worte fassen kann. Lausche auf das Wunder! Wie wunderbar: draußen zu stehen sowie drinnen, begreifen und umgriffen zu werden, schauen und [gleichzeitig] das Geschaute selbst zu sein, zu halten und gehalten zu werden – das ist das Ziel, wo der Geist in Ruhe verharrt, der lieben Ewigkeit vereint.«
> (Zitiert aus: Predigt 5, »Predigt zum tätigen und schauenden Leben« in Meister Eckehart – *Deutsche Predigten und Traktate*, S. 148 ff., Goldmann München, o. J.)

Das Wort Gottes enthüllt Licht – wir finden hier erneut eine Übereinstimmung zwischen den Erfahrungen und Lehren aller Mystiker aller Zeiten und aller Kulturräume: Es gibt eine »Energie« oder »Urkraft«, die aus dem Göttlichen kommt und uns Menschen unter anderem als Licht erfahrbar wird. Wenn wir uns der Verbindung mit dieser Kraft öffnen, erkennen wir, daß das Göttliche und wir selbst eins sind! Für Meister Eckehart heißt dieser hohe Flug in die

168

zeit- und raumlose Transzendenz nicht, daß er die »Boden-haftung« verloren hätte. Vielmehr verweist er für das tägliche Leben auf sehr grundlegende Verhaltensweisen (zitiert aus o.g. Predigt):

»Auf drei Punkte sollen wir in unserem Wirken achten: daß man ordentlich, einsichtsvoll und bewußt wirke. Das nenne ich ordentlich, was in allen Dingen dem Höchsten entspricht [alternativ: was in allen Dingen dem Nächstliegenden entspricht!]. Das aber nenne ich einsichtsvoll, über das hinaus man zur Zeit nichts Besseres kennt. Und bewußtes Wirken nenne ich das, wenn man [in guten Werken] die lebensvolle Wahrheit mit ihrer beglückenden Gegenwart verspürt [verbindet].«

Zu Meister Eckeharts durch die päpstliche Bulle des Johannes XXII. von 1329 verbotenen Aussagen gehören:

Alles, was Gott Vater seinem eingeborenen Sohn in der menschlichen Natur gegeben hat, das hat er völlig auch mir gegeben. Hiervon nehme ich nichts aus, weder die Einung noch die Heiligkeit, sondern er hat mir alles ebenso gegeben wie ihm.

Es sei denn, daß Christus in mir geboren wird, es wäre, als ob er nie geboren wäre.

Alles, was der göttlichen Natur eigen ist, das ist auch ganz dem gerechten und göttlichen Menschen eigen. Darum wirkt solch ein Mensch auch alles, was Gott wirkt: Er hat zusammen mit Gott Himmel und Erde geschaffen; er ist Zeuger des ewigen Wortes, und Gott wüßte ohne einen solchen Menschen nichts zu tun.

Das sind völlig eindeutige Aussagen darüber, daß der Mensch seinem Wesen nach göttlich ist. Nach diesen Worten ist es jedem Menschen gegeben, das Apostelwort von »Seid vollkommen wie euer Vater im Himmel vollkommen ist« auf sich als individuelle Seele zu beziehen. Meister

Eckehart legt zwischen den Zeilen nahe, daß all das sogar noch hier und heute, in diesem Leben, erfahrbar ist. Wann und wo hören wir davon in den heutigen christlichen Kirchen?

Angelus Silesius

Angelus Silesius, der »schlesische Engelsbote«, wurde 1624 als Johannes Scheffler geboren. Zunächst Lutheraner, trat er zur katholischen Kirche über, da es in der protestantischen Kirche an Verständnis für seine mystischen Offenbarungen und Schriften fehlte. Angelus Silesius begriff Gott und Seele letztlich als eine Einheit ohne wesensmäßige Unterschiede. Man berichtet von ihm, daß er für mildtätige Zwecke ein beträchtliches Vermögen stiftete.

Aus seinem mystischen Hauptwerk, dem *Cherubinischen Wandersmann*, stelle ich Ihnen an dieser Stelle jene Verse vor, die eindeutig nachvollziehen lassen, daß er einen praktischen Weg der Innenschau mit konkreten »Methoden« beschreibt, und die nicht nur symbolisch zu verstehen sind.

> Ich bin nicht außer Gott und Gott nicht außer mir;
> Ich bin sein Glanz und Licht, und er ist meine Zier.

Hiermit wird eine Grundtatsache allen mystischen Erlebens beschrieben: Gott ist nicht dort »oben« im Himmel, und wir Menschen sind nicht hier »unten« auf der Erde, sondern Gott und Mensch durchdringen einander.

> Ich bin Gott's ander Er, in mir find't er allein,
> Was ihm in Ewigkeit wird gleich und ähnlich sein.

Demnach sind wir ein Spiegelbild Gottes, das ewigen Bestand hat.

> Es ist erstaunungsvoll, daß ich, Staub, Asch' und Kot,
> So freundlich und gemein mich machen darf mit Gott.

Angelus Silesius wundert sich aus der Perspektive des normalen, üblichen Denkens, daß etwas an oder in der vergänglichen Körperform des Menschen zu sein scheint, das mit Gott auf einer Stufe stehen darf.

Ich selbst bin Ewigkeit, wenn ich die Zeit verlasse,
Und mich in Gott und Gott in mich zusammenfasse.

Je mehr du dich aus dir kannst austun und entgießen,
Je mehr muß Gott in dich mit seiner Gottheit fließen.

Allerdings kann der Mensch seine eigene Zeitlosigkeit erst dann begreifen und erlangen, wenn er die Relativität der Formenwelt verläßt, wenn er sein Ich, sein Ego hinter sich läßt und sich für die Gegenwart der göttlichen Kraft in allem öffnet.

Christ mein, wo läufst du hin? Der Himmel ist in dir!
Was suchst du ihn denn erst bei eines andern Tür?

Der Mensch, der seinen Geist nicht über sich erhebt,
Der ist nicht wert, daß er im Menschenstande lebt.

Mensch, geh nur in dich selbst! Denn nach dem Stein der Weisen
Darf man nicht allererst in fremde Lande reisen.

Wie kann man die Kraft des Göttlichen erfassen? Nicht, indem man irgendwo in der äußerlichen Welt danach sucht und sie vielleicht als Ding und Objekt zu finden hofft. Der erste der drei Verse oben spricht das Thema an, »Wisset ihr nicht, daß ihr der Tempel Gottes seid und der lebendige Geist in euch wohnt?« Demnach ist es nur möglich, Gott in dem geistigen Himmel zu finden, der während unserer Lebzeiten im physischen Körper existiert. Den Geist über sich selbst zu erheben bedeutet, das reine Bewußtsein des Selbst oder der Seele vom üblichen Ichbewußtsein abzuziehen. Dieser Vorgang, den östliche Mystiker »Überschreiten des Körperbewußtseins« nennen, geht einher mit der praktischen Erfahrung des Zurückziehens der Lebensströme, ähnlich wie es beim Körpertode ohnehin vollzogen werden muß. Angelus Silesius scheint diesen Vorgang gekannt zu haben, denn er schreibt weiter:

> Der Weise stirbt nicht mehr, er ist zuvor schon tot,
> Tot aller Eitelkeit, tot allem, was nicht Gott.

> Stirb, ehe du noch stirbst, damit du nicht darfst sterben,
> Wenn du nun sterben sollst; sonst möchtest du verderben.

Der letzte Vers spielt auf das an, was in der Johannes-Offenbarung »der zweite Tod« genannt wird. Wir sollen bereits während des Lebens den Sterbevorgang und die Wirklichkeit des lebendigen und individuellen Bewußtseins über den Körpertod hinaus kennenlernen. Sonst würde der Geist oder die Seele im Jenseits »verderben« können, also gemäß ihrer eigenen Vorlieben und Gewohnheiten in Bereiche der Vergänglichkeit geraten (was eine zurückhaltende Umschreibung für das ist, was Swedenborg und andere »Fegefeuer« oder Zustände der erzwungenen Seelen-Läuterung nennen). Es folgt eine Reihe von Versen zu dem, was man heute »Meditation« nennen würde. Dabei beschreibt Angelus Silesius ausdrücklich das innere Sehen und Hören, das auch in der von mir als »Christus-Meditation« bezeichneten inneren Lehre Jesu die zentrale Rolle spielt.

> Gott ist über all's, daß man nicht sprechen kann;
> Drum betest du ihn auch mit Schweigen besser an.

> Wenn du denkst, Gott zu schau'n, bild dir nichts Sinnlich's ein!
> Das Schau'n wird inner uns, nicht außerhalb uns sein.

> Das Licht der Herrlichkeit scheint mitten in der Nacht.
> Wer kann es seh'n? Ein Herz, das Augen hat und wacht.

> Wer seine Sinne hat ins Innere gebracht,
> Der hört, was man nicht red't, und siehet in der Nacht.

Was lohnt sich zu sehen? Angelus Silesius läßt darüber keinen Zweifel:

> Du reisest, vielerlei zu seh'n und auszuspäh'n.
> Hast du nicht Gott erblickt, so hast du nichts geseh'n.

Der Mystiker geht erneut auf unterschiedliche Wege und Weisen ein, wie man sich mit Gott verbinden kann:

> Mensch, was du liebst, in das wirst du verwandelt werden.
> Gott wirst du, liebst du Gott, und Erde, liebst du Erden.

> Der nächste Weg zu Gott ist durch der Liebe Tür;
> Der Weg der Wissenschaft bringt dich gar langsam für.

Im Yoga gibt es den »Jnana-Yoga« als Weg der Erkenntnis und »Bhakti-Yoga« als Weg der Hingabe. Wiederum interessante Parallelen. Schließlich gibt uns Angelus Silesius noch den Rat, daß wir aktives und kontemplatives Leben miteinander verbinden sollen, wie es auch im Konzept der »positiven Mystik« zum Ausdruck kommt:

> Fragst du, was Gott mehr liebt, ihm wirken oder ruh'n?
> Ich sage, daß der Mensch, wie Gott, soll beides tun.

Zum Schluß einen kurzen Blick in die islamische Mystik, stellvertretend für die vielen hundert (das ist buchstäblich gemeint!) Mystikerinnen und Mystiker aus dem außerchristlichen Raum, die im selben Geist und oft mit fast denselben Worten wie biblische Propheten und sogar wie Jesus über Gott, das Wort, den Heiligen Geist, das innere Licht, die Sündhaftigkeit des Menschen und die Rückkehr der Seele zu Gott sprechen.

Shamas aus Täbriz

Shamas aus Täbriz, der herausragende islamische Sufi und Mystiker, dessen Selbstverwirklichung, Aufgabe und Lehre sein berühmtester Schüler Maulana Rumi in dem Masnavi unsterblich gemacht hat, schrieb einmal (im folgenden eine deutsche Übertragung aus einer englischen Privatübersetzung des persischen Originals; die Poesie der inspirierten ursprünglichen Sprache leidet darunter natürlich):

Ein Klang ohnegleichen naht: er kommt weder von innen noch von außen, weder von links noch von rechts oder vorn. Du fragst, aus welcher Richtung der Ton denn komme? Aus derselben Richtung, in die wir suchen.
Wohin soll ich denn mein Gesicht wenden? fragst du.
Zur selben Seite, woher Gott kommt;
in dieselbe Richtung, woher der lebensspendende Nektar fließt, um dem austrocknenden Fisch Leben zu schenken; in dieselbe Richtung, welche die Hände Mose wie einen Vollmond strahlen ließ;
in dieselbe Richtung, woher Reife in die Frucht geht;
in dieselbe Richtung, welche Kieselsteine zu Edelsteinen werden läßt.

Es ist nicht erlaubt, Einzelheiten weiterzugeben, sonst würde jeder Ungläubige, wo immer er auch wäre, von der Selbstverleugnung erlöst.

In Zeiten der Not wendet sich sogar ein Ungläubiger in diese Richtung; wenn er Leid in einer Richtung sieht, streckt er seine Füße dorthin aus.

Der große Herr hat das Tor fest verschlossen, und dann zog er Adams Kleid an, was heißt, daß er am Tor steht, um es zu öffnen.

Still: höre die fünf Klänge vom Himmel, jene Himmel, die jenseits der fünf Sinne und sechs Richtungen sind.

Teil V

Die Christus-Meditation

Schlußfolgerungen

»Ex oriente lux!« – Aus dem Osten kommt das Licht. Das gilt für uns Menschen im sogenannten Westen nicht nur in bezug auf das physikalische Sonnenlicht, sondern auch hinsichtlich des spirituellen Lichts. Die Veden entstammen dem Osten, das I Ging, Lao Tse, Konfuzius, Buddha – und nicht zuletzt Jesus Christus war ein Gottessohn, der im sogenannten Nahen Osten geboren wurde und von dort aus sein Wirken auf der Erde begann.

Alle heiligen Schriften beruhen auf persönlichen Erfahrungen verschiedener bewußter Gotteskinder und Gotteskünder, auf den eigenen spirituellen Errungenschaften und Gnadengeschenken von Heiligen, Sehern und Propheten, die seit frühen Zeiten in die Welt kamen. Was sie erfuhren, erkannten und lehrten, wurde zur Hilfe und Anleitung für später lebende Menschen aufgezeichnet.

Wenn wir ihre Schriften lesen, kann das der Anstoß dazu werden, daß wir selbst das Geheimnis des Lebens, das Mysterium des Seelenbewußtseins und die Quelle allen Seins, Gott, erkunden möchten. Religio, also Rückverbindung, sollte nicht auf »blindem Glauben« beruhen, sondern demütigen Glauben als ersten Ausgangspunkt benutzen, um die in den heiligen Schriften dargestellten Möglichkeiten für Entwicklungen und Erkenntnisse der Seele selbst zu erleben, nach dem bekannten Aufruf der Bibel: »*Wisset ihr nicht, daß ihr der Tempel Gottes seid und der lebendige Geist in euch wohnt?*«

Lesen wir zunächst noch einmal im Zusammenhang die belegten und begründeten Schlußfolgerungen aus den »offiziellen« Evangelien der christlichen Bibel, wie sie sich aus den Untersuchungen in früheren Kapiteln ergaben. Betrachten wir, welches Bild die vielen untereinander verwobenen Fäden schaffen.

Das Wort

In der Bibel und speziell im Neuen Testament ist wiederholt von einer wundervollen Kraft die Rede, die meistens das *Wort* genannt wird, oft aber auch gleichgesetzt wird mit dem *Licht*. Auch der *Name* und die *Stimme Gottes*, und vielleicht auch das *Lebendige Wasser* scheinen damit in Beziehung zu stehen. Dieses *Wort* ist eins mit Gott; es ist eine schöpferische »göttliche« Kraft, die alles hervorbringt und alles belebt. Wenn Gott sich ausdrückt und seine Kraft manifestiert, so geschieht das durch das *Wort*. Das *Wort* verfügt über viele besondere und offenbar letztlich unbeschreibliche Eigenschaften: Es bringt der Schöpfung und den Menschen Leben und erleuchtet sie, ohne daß sie es wissen und erkennen. Es reinigt von Sünden, es beseligt die Seele, es überwindet den Tod, es ist ewig.

Die Taufe

Johannes der Täufer hat eine symbolische Wassertaufe vollzogen; selbst Jesus ließ sich taufen. Bei dieser Wassertaufe Jesu passiert etwas: Eine Kraft Gottes, der »Heilige Geist« fließt in Jesus ein. Jesus ist (deshalb?, erst von diesem Zeitpunkt an?) in der Lage, so das Zeugnis des Johannes, eine sehr viel machtvollere Taufe zu geben als Johannes, nämlich die Taufe mit dem Heiligen Geist und mit Feuer. Jesus trägt seinen Jüngern auf, in seinem Auftrag und mit seiner Kraft andere Menschen zu taufen, aber mit der wirklichen »Jesus-Taufe«, nicht mit der symbolischen Wassertaufe. Diese Taufe läßt den Heiligen Geist auch dann auf die getauften Menschen herniederfahren, wenn Jesus physisch nicht (mehr) anwesend ist und der Taufvorgang durch seine Apostel vollzogen wird. Die Taufe wird bisweilen durch Handauflegen, auf jeden Fall aber durch die Übermittlung des *Wortes* (und nicht etwa durch viele Worte!) wirksam. Diese Taufe verbindet also mit dem Heiligen Geist; außerdem macht sie selig, und sie kann von Sünden befreien.

Der Tempel Gottes

Nicht ein noch so künstlerisch wertvolles oder auch voller Liebe errichtetes Gebäude aus Holz und Stein, aus Glas und Stahl ist der wahre Tempel Gottes, sondern der menschliche Körper selbst ist es. In diesem menschlichen Körper, der von Gott und nach dem Bilde Gottes geschaffen ist und der aufgrund der Kraft des Wortes Leben hat, und nur hier, erstrahlt ein ewiges Licht und wohnt der Geist Gottes in Gestalt der Seele. In der Finsternis unseres Seelenschlafes haben wir weder uns selbst als Tempel Gottes erkannt, noch vor allem den Geist Gottes in uns wahrgenommen. Die Erfahrung der Taufe mit dem Heiligen Geist erfolgt jedoch in diesem Körpertempel, nirgendwo anders. Die Bibel erwähnt wiederholt und eindeutig, daß es möglich sei, Gott und das göttliche Licht zu schauen. In der Bibel spielt die Region zwischen den beiden physischen Augen immer wieder eine bedeutsame Rolle.

Das dritte Auge

Im Neuen Testament finden wir genügend Hinweise auf das sogenannte Einzelauge, um davon auszugehen, daß die Evangelisten gemeint haben, was sie aufschrieben: Es gibt ein drittes Auge, mit dem wir das innere Licht wahrnehmen können, um so die Aussage zu erfüllen, daß dieses Licht den Menschen erleuchtet. Ein ähnliches Phänomen wie das Sehen mit dem Einzelauge scheint es auch in bezug auf das Wort bzw. die »Stimme Gottes« im Zusammenhang mit dem inneren Hören zu geben. Der Weg zum dritten Auge bzw. durch das dritte Auge ist nicht einfach, denn er erfordert, daß wir alles, was nicht ewig an uns ist, hinter uns lassen müssen, wenn wir dort eintreten möchten.

Das innere Sehen der Seele

Die Bibel weist uns mehrfach im Alten und im Neuen Testament darauf hin, daß es etwas gibt, das die körperlichen Augen und Ohren nicht wahrnehmen können. Die entsprechenden Verse betonen jedoch, daß dieses »Etwas« besonders bedeutsam und erstrebenswert sei. Man kann diese über-weltliche Wirklichkeit »sehen« und »hören«, allerdings mit der Wahrnehmungsfähigkeit des inneren Menschen, als bewußt gewordene, aus ihrem »Schlaf der Finsternis« erweckte Seele. Dazu müssen die Augen und die Ohren »aufgetan« werden. Dieses »Licht des Lebens« ist eine persönlich, individuell und unmittelbar erlebbare Realität, die nicht »Propheten« oder »Gerechten« zusteht, sondern nur jenen, die von der Christus-Kraft »getauft«, »eingeweiht« bzw. »angenommen« worden sind.

Geburt, Tod und Neugeburt

Es gibt eine erste, irdische Geburt und eine zweite, spirituelle. Es gibt einen irdischen Körper und einen himmlischen Körper. Es gibt einen Körpertod, in dem Staub zu Staub wird. Wenn die Seele während des Körperlebens eine Verbindung mit der Gotteskraft erhalten hat, so kann ihr weder der Körpertod noch ein ominöser »zweiter Tod« etwas anhaben. Der Mensch ist dem Wesen nach Geist und kann in einem himmlischen Körper in den großen Schöpfergeist eingehen – wenn er sich bereits während des Körperlebens selbst als Geist erkennen und erfahren durfte.

Erlassen von Sünden

Die Bibel teilt mit, daß Sünden (was immer wir darunter verstehen wollen) vergeben bzw. erlassen werden können. Das kann durch die Verbindung mit der Kraft des Heiligen Geistes erfolgen. Der Weg zur Religiosität beginnt, wenn wir nach dem suchen, was über die Zeit hinausgeht, was nicht vom Raum begrenzt wird, was unsterblich ist. Das ist sowohl Gott selbst wie seine schöpferische Kraft, die als *Wort* oder Heiliger Geist wirkt und alles hervorbringt und belebt.

Der Weg der Religion

Die Seele, das einzelne menschliche Bewußtsein, ist nach seinem Wesen von Gott geschaffen und von seiner Kraft durchdrungen und erhalten, selbst wenn unserem Ich dies nicht bewußt sein mag. Der Mensch kann und sollte sein göttliches Selbst erkennen. Dann vermag er das Schöpferische und Überpersönliche in sich ebenso zu lieben wie in allen anderen Menschen. Auf dem Weg zur Rückverbindung mit Gott – nach der Einweihung oder Taufe mit dem Heiligen Geist – sollen wir zwei Aspekte entwickeln: die Bemühung um das geistige Reich Gottes und die Verwirklichung höherer Wahrheiten im Alltagsleben.

Jesus Christus

Es sind auch viele andere Dinge, die Jesus getan hat, welche, so [falls] sie eins nach dem anderen [nieder]geschrieben werden sollten, meine ich, die Welt würde die [diese so entstandenen] Bücher nicht begreifen, die zu beschreiben wären. Joh 21,25

Es kann niemand zu mir kommen, es sei denn, daß ihn ziehe der Vater, der mich gesandt hat, und ich will ihn auferwecken am Jüngsten Tage. Joh 6,44

Wer dies Wasser trinkt, der wird wieder Durst haben. Wer aber das Wasser trinken wird, das ich ihm gebe, den wird ewig nicht dürsten, sondern das Wasser, das ich ihm geben werde, das wird in ihm zu einem Brunnen des Wassers werden, das in das ewige Leben qillt. Joh 4,13-14

Nach Jesus kein anderer Gottessohn mehr?

Ich muß wirken die Werke des, der mich gesandt hat, solange es Tag ist. Es kommt die Nacht, da niemand wirken kann. Dieweil ich bin in der Welt, bin ich das Licht der Welt. Joh 9,4-5

Da sprach Jesus zu ihnen: Es ist das Licht noch eine kleine Zeit bei euch. Wandelt, dieweil [solange] ihr das Licht habt, daß euch die Finsternisse nicht überfallen. Wer in der Finsternis wandelt, der weiß nicht, wo er hingeht. Glaubt an das Licht, solange ihr's habt, damit ihr Kinder des Lichts werdet. Joh 12,35-36

Aber ich sage euch die Wahrheit: Es ist gut für euch, daß ich weggehe. Denn wenn ich nicht weggehe, kommt der Tröster nicht zu euch. Wenn ich aber gehe, will ich ihn zu euch senden. Joh 16,7

Die Christus-Meditation

Aus den Bibelworten, die wir kennengelernt haben, aus den oben zitierten Schlußfolgerungen sowie den vielen nicht-kanonischen Belegen ergibt sich meiner Ansicht nach zweifelsfrei, daß Jesus Christus eine Form der Religio, der »Einweihung« in die Mysterien des Lebens und eine praktische Rückverbindung der Seele zur Schöpferkraft gelehrt und übermittelt hat, die man in der heutigen Sprache als eine Meditationsmethode bezeichnen kann. Was ist diese *Christus-Meditation*? Wie »funktioniert« sie? Woher kommt sie? Haben andere sie vor ihm gelehrt? Hat er Nachfolgern Vollmacht gegeben, diese Meditation weiterzugeben? Zum Beispiel Jakobus, der in Jerusalem blieb, Lukas, Markus und Petrus, die bis nach Rom zogen, Thomas, der in Südindien war, und sogar Paulus, der ebenfalls »eingeweiht« wurde? Auf diese Fragen möchte ich jetzt eingehen.

Was ist die Christus-Meditation, wie »funktioniert« sie?

- Im Menschen gibt es zwei »Energien«: eine Energie, welche der Aufrechterhaltung des körperlichen Lebens dient, und eine andere, welche das geistige Leben bestimmt.
  Hat man einen natürlichen Leib, so hat man auch einen geistlichen Leib.
- Das eigentliche Wesen des Menschen ist Seele, Selbst, Geist, Bewußtsein. Dieses Bewußtsein entstammt der ewigen göttlichen Schöpferkraft und ist selbst eine Kraft, die genauso unvergänglich ist.
  Wisset ihr nicht, daß ihr der Tempel Gottes seid und der lebendige Geist Gottes in euch wohnt?

- Daß der Körper eines Tages abgelegt werden muß, bedeutet nicht, daß das Bewußtsein damit ausgelöscht wird. In der Zeit des Wirkens im menschlichen Körper hat das Bewußtsein die Möglichkeit, sich nicht nur in äußerlichen und begrenzten Formen indirekt zu spiegeln, sondern sein eigenes Wesen, seinen Ursprung und sein Potential zu erkennen. Das kann aber nur während des Körperlebens erfolgen.

Wandelt, solange ihr das Licht habt. Mein Reich ist nicht von dieser Welt.

- Dazu muß sich das Bewußtsein zeitweise nach innen wenden und sich vom Körperbewußtsein, von Gefühlen und Gedanken sowie von noch feineren Prägungen zurückziehen und alle Hüllen nach und nach abschütteln. Damit »übt« der Mensch unter anderem bereits im Leben den Vorgang, der eines Tages mit dem Körperabschied ohnehin auf ihn wartet.

Das Reich Gottes kommt nicht mit äußeren Gebärden, es liegt inwendig in euch. Ich sterbe täglich.

- Diese Innenwendung erfolgt am leichtesten über die Sammlung des Bewußtseins am sogenannten dritten Auge. Dort kann das Einzelbewußtsein die erste Verbindung mit dem transzendenten inneren Licht und Ton aufnehmen, wenn man durch einen kompetenten selbstverwirklichten Lehrer darin in der rechten Weise unterrichtet wurde.

Tretet ein durch die enge Pforte, denn eng ist das Tor und schmal ist der Weg, der zum Leben führt, und nur wenige werden ihn finden. Ihr werdet hören, was die Propheten und Gerechten hören wollten und nicht konnten, Ihr werdet sehen, was sie sehen wollten und nicht konnten.

- Die immer inniger werdende Empfänglichkeit für die Kraft des inneren Lichts und Tons fördert die Fähigkeit des Bewußtseins, sich mehr und mehr als das zu erfahren, was es wirklich ist.

Das innere Licht, das Wort, fungiert als errettende Kraft,

welche der Seele hilft, sich als Kind des Lichts und Kind Gottes zu erfahren.

Das Licht scheinet in der Finsternis ... Wenn dein Auge einfältig ist, wird dein ganzer Leib licht sein.

- Der Lehrer, Meditationsmeister, Weise oder Heilige übernimmt die Aufgabe eines »Reiseführers« durch die inneren Welten, der zunächst die Verbindung der Seele mit dem Wort, dem Licht bzw. dem Heiligen Geist vollzieht – also eine Einweihung oder Taufe – und immer dann hilft, wenn man später steckenzubleiben oder vom Wege abzukommen droht. Der freie Wille des einzelnen bleibt dabei jederzeit unangetastet. Ohne Lehrer geht es jedoch nicht.

Es kommt ein Stärkerer, der tauft mit dem Heiligen Geist und mit Feuer ... Wer aber das Wasser des ewigen Lebens trinkt, den wird ewig nicht dürsten. Ich bin das Licht der Welt, solange ich in der Welt bin. Niemand kommt zum Vater denn durch den Sohn.

- Allgemeine ethische Richtlinien für die Lebensführung und bewußte Bevorzugung natürlicher Lebensmittel sowie die Vermeidung aller Art von berauschenden Drogen sind Grundlage, aber nicht Ziel dieses Wegs. Den Kern dieses Wegs bildet die eigene mystische Erfahrung höherer und höchster Dimensionen und geistiger Wirklichkeiten während dieser Lebenszeit.

Welchen Nutzen hätte der Mensch, wenn er die ganze Welt gewönne und nähme doch Schaden an seiner Seele? Seid vollkommen, wie euer Vater im Himmel vollkommen ist.

- Diese Praxis ist ein Weg der Selbsterkenntnis, der Liebe und sinnvollen Verwirklichung der Doppelnatur des Menschen: seines ewigen Seins mit einer positiven, kreativen und fröhlichen Weltzugewandtheit.

Euch ist es gegeben, daß ihr das Geheimnis des Himmelreichs vernehmt ... Gott ist Geist und die ihn anbeten, müssen ihn im Geist und in der Wahrheit anbeten.

- Wer vom segensreichen inneren Licht und Ton hört, wer – vom Schicksal, aufgrund des eigenen »Karmas« oder durch Gnade – das ungewöhnliche Angebot erhält, die Verbindung mit diesem Licht der Seele und mit der Musik der Sphären zu erhalten, sollte nicht säumen, es anzunehmen.

Niemand kommt zu mir, es sei denn, es ziehe ihn der Vater.

Gezogen zu werden kann sich als entscheidender Wendepunkt im Leben erweisen, von dem ab wir von Tag zu Tag bewußter, friedvoller, aktiver, menschlicher und glücklicher leben werden. Die eigene innere Erfahrung jener kosmischen oder göttlichen Kraft, die alles schafft, erhält und durchlebt, war und ist der Kern aller Religionen.

Das Essener-Evangelium spricht vom Heiligen Tonstrom, dem Heiligen Lichtstrom und dem Heiligen Lebensstrom. Angelus Silesius sagte: »Wer seine Sinne ins Inn're hat gebracht, der hört, was man nicht hört und siehet in der Nacht.«

In der Bibel lesen wir:

Das Auge ist des Leibes Licht, wenn nun dein Auge einfältig sein wird, so ist dein ganzer Leib licht . . . schaue darauf, daß nicht das Licht in der Finsternis sei. Wenn nun dein Leib ganz licht ist, daß er kein Stück von der Finsternis [mehr] hat, so wird er ganz licht sein und wird dich erleuchten wie ein heller Blitz. Lk 11,34-36

Wenn ihr nicht glaubt, wenn ich zu euch von irdischen Dingen spreche, wie würdet ihr glauben, wenn ich euch von himmlischen Dingen berichten würde? Joh 3,12

Gott aber ist nicht ein Gott der Toten, sondern der Lebenden. Und da solches das Volk hörte, entsetzten sie sich über seine Lehre. Mt 22,32-33

Wie merkwürdig, daß man sich über das Wesentliche nie umfassend und vollständig genug, nie tiefschürfend und einfühlsam genug austauschen und mitteilen kann. *Das Tao, was man nennen kann, ist nicht das Tao.*

Das ist eine spannende Frage. Folgende theoretische Möglichkeiten bieten sich an:

1. Jesus war Gott, war »der Vater« und hat sich lediglich als Gottessohn »ausgegeben«, um das unverständige Gemüt der Menschen nicht zu überfordern. Er hat nichts »bekommen«, weil er selbst bereits alles ist und alles hat.

2. Jesus hat das *Wort* und den Heiligen Geist, der bei der symbolischen Wassertaufe durch Johannes im Jordan auf ihn »herniederfuhr« (was auch den Beginn seiner öffentlichen Tätigkeit markierte), direkt von Gott erhalten – weil er einerseits zwar Menschensohn war, andererseits aber direkt von Gott dazu bestimmt war, auch Gottessohn zu werden und zu sein. Immerhin bestand Jesus jedoch darauf, sich einem symbolischen Taufvorgang zu unterziehen, so, als ob er damit vor aller Welt ausdrücken wollte, daß auch er einer Taufe bedürfte.

3. Jesus war ein »normaler« Mensch, der im Verlauf der Zeit und infolge verschiedener Schulungen hohe und höchste Bewußtseinsentfaltung erfuhr. Er erhielt von »innen« oder »oben« den Auftrag, auch andere Menschen zu Selbsterkenntnis, Gottverbindung und Seelenverwirklichung zu führen.

a) Er erlernte die Christus-Meditation in der Essener-Bruderschaft und erhielt von dort die Vollmacht, sie nun nicht mehr nur im Geheimen wenigen auserwählten Menschen weiterzugeben, sondern sie öffentlich als eine Religionsform anzubieten, die vom Leid der Welt erlöst und in die Gegenwart Gottes führt.

b) Er wurde auf seinen Reisen in unterschiedliche Mysterienkulte eingeweiht (in ägyptische, griechische, arabische, persische, indische und vielleicht auch tibetische) und hat die Christus-Meditation mit dem inneren Licht- und Tonstrom von dort mitgebracht.

Zur Erinnerung:

> ... Zu der Zeit kam Jesus aus Galiläa an den Jordan zu
> Johannes, um sich von ihm taufen zu lassen. Aber Johan-
> nes wehrte ihm und sprach: ich bedarf wohl, von Dir getauft
> zu werden und Du kommst zu mir? Jesus aber antwortete
> und sprach zu ihm: Laß jetzt also sein, also gebührt es uns,
> alle Gerechtigkeit zu erfüllen. Da ließ er [Johannes] es ihm
> [Jesus] zu. Und da Jesus getauft war, steigt er bald heraus
> aus dem Wasser und siehe, da tut sich der Himmel auf über
> ihm. Und Johannes sieht den Geist Gottes gleich einer
> Taube herabfahren und über ihn [Jesus] kommen. Und
> siehe, eine Stimme vom Himmel sprach herab: Dies ist mein
> lieber Sohn, an welchem Ich Wohlgefallen habe. Mt 3,13-17

Ebenfalls ist wichtig, daß wir uns daran erinnern, daß im
sogenannten Inneren oder Geheimen Markus-Evangelium
ausdrücklich von einer geheimen Schulung der fortge-
schrittenen Jünger die Rede ist. Fest steht, daß Jesus und
seine Jünger etwas Erlebbares erfahren haben, nämlich die
Verbindung mit dem Heiligen Geist. Fest steht auch, daß sie
selbst – sowohl Jesus wie dessen Jünger – diese konkrete
Verbindung mit dem Heiligen Geist anderen Menschen
übermittelt haben.

Haben andere vor Jesus die Christus-Meditation gelehrt?

Persönlich überzeugt mich die Lesart am meisten, die sagt,
daß Jesus in der Zeit zwischen seinem zwölften und dreißigsten Lebensjahr in Lehr- und Wanderjahren sowohl bei
Essenern als auch bei anderen Gruppen und Religionen
gelernt und vielleicht durchaus auch schon gelehrt hatte.
Die Dokumente über Aufenthalte in Kleinasien und Indien
halte ich ebenfalls für glaubwürdig. Mir scheint am plausi-
belsten, daß Jesus eine Form der Verbindung der Seele mit
Gott weitergegeben hat, die es auch schon vor ihm gab – wie
sonst wären die Berichte Buddhas und vieler früherer Hei-

liger und Weiser bis hin zu den Essenern über inneres Licht und Himmelsmusik, über Gotterfahrungen und Erlösung aus der Materie in den Geist, aus dem kleinen Ich in das Große Eine zu verstehen? In diesem Zusammenhang gewinnt auch der Besuch Jesu durch die »heiligen drei Könige«, die richtiger als die drei »Magi« bezeichnet werden, also die drei in die Mysterien eingeweihten Meister, eine sinnfällige Erklärung. Sie pilgern zu Jesus, weil es sich ihnen auf inneren, spirituellen Ebenen offenbart hat, daß hier ein künftiger Gottesbote geboren wurde, zu dessen Mission sie beitragen können, indem sie Jesus bei der Entfaltung seines göttlichen Bewußtseins in der menschlichen, irdischen Form helfen oder zumindest einen Anstoß geben.

Haben Gottessöhne nach ihm
diese Meditation weitergegeben?

Zumindest seine Jünger haben die oft erwähnte Verbindung mit dem Heiligen Geist, diese Einweihung in die höheren Ebenen des »himmlischen Körpers«, anderen Menschen übermittelt. Sie waren auch bevollmächtigt, im Auftrag Jesu Sünden zu erlassen und damit die Annahme zur Taufe und den Eintritt ins Reich Gottes überhaupt erst möglich zu machen. Es liegt nahe, daß die Apostel und Jünger die wunderbare Christus-Meditation ebenfalls weitergaben – falls und insoweit sie dazu beauftragt waren und die »Kraft« oder »Vollmacht« dazu besaßen.

Nach Forschungen über Mystik im hinduistischen, buddhistischen, christlichen und islamischen Kulturraum, nach historischen, religionsvergleichenden und literarischen Recherchen kann ich feststellen, daß es eine Form der Erweckung und Rückverbindung der Seele zu Gott überall gibt. In allen Fällen handelt es sich um eine praktische Innenschau, um eine Hinwendung des Seelenbewußtseins zu sich selbst und zum überpersönlichen Ursprung des Lebens. Immer sind diese Wege gekennzeichnet durch Erleben von Licht und Ton, durch Überschreiten des Körperbewußtseins, durch Erfahrungen mannigfaltiger innerer Ebenen oder »Himmel« und durch die Anleitung und sowohl äußere wie innere Führung durch einen Menschen, einen Lehrer oder »Meister«, der selber diese Rückverbindung vollbewußt genießt und Auftrag und Vollmacht hat, andere Menschen dorthin zu geleiten.

Hatte Jesus die Christus-Meditation »aus dem Osten« übernommen? Dann wäre es keine große Überraschung, daß diese Meditation in dortigen heiligen Schriften vielerorts erwähnt wird, heute noch bekannt ist und sogar noch gelehrt wird. Es wäre immerhin aber auch denkbar, daß Jesus die Christus-Meditation aus sich, unmittelbar von Gott oder von den Essenern oder anderen Lehrern aus dem Nahen Osten erhalten hat und daß sie erst über seine Apostel in den Fernen Osten – nach Arabien, Persien und Indien – getragen wurde. So ließe sich das dort vorhandene Wissen damit auch erklären. Allerdings gibt es Hinweise auf das innere Licht bereits in heiligen Schriften Indiens, die aus einer sehr viel früheren Zeit vor Jesus stammen. Am wahrscheinlichsten scheint mir, daß Jesus im Osten »eingeweiht« wurde und die von ihm gelehrte Verbindung mit dem *Wort* auch daher stammt. Wichtiger als Überlegungen zum Ursprung und zu den möglichen Wegen der späteren Übermittlung, ist wohl die Frage danach, ob es denn heute auch Lehrer des Licht- und Tonstroms gibt, ob auch in unserer Zeit eine »Taufe mit dem Heiligen Geist und mit Feuer« existiert, ob auch wir selbst inneres Licht und das *Wort* erfahren und in das »Reich Gottes« eintreten können.

Wege zum Wort

Können wir auch heute das innere Wort erfahren?

Spiritualität ist eine unmittelbare eigene Erfahrung der Seele von jener Kraft, die wir Gott oder auch das *Wort* nennen. Echter Glaube beruht darauf, daß die Seele aus ihrem äonenlangen geistigen Schlaf erwacht und beginnt, die ewige Existenz der ihr innewohnenden göttlichen Kraft wahrzunehmen, und sich bemüht, ein Leben der inneren Bewußtheit Gottes und der äußeren Hingabe im Dienst an der Schöpfung zu führen. Wahrer Glaube ist dann das Ergebnis einer direkten inneren eigenen Bestätigung der ewigen Wahrheiten. Wir sollten herzlich dankbar sein für alle Hinweise auf die Wirklichkeit der Seele und auf ihren Ursprung, Gott. Alle Hilfen, diese »Theorie« der Religionen kennenzulernen und besser zu verstehen, sind willkommene Sprungbretter zur Selbstverwirklichung und Gotterfahrung, dem höchsten Ziel jeder Religion.

Noch dankbarer dürfen wir sein, wenn es Menschen gibt, die nicht nur die theoretischen Aspekte der Religion erklären können, sondern uns den Weg zeigen, wie wir die fremde Theorie zur eigenen Praxis werden lassen können. Dabei spielt es für mich persönlich keine Rolle, ob solche Menschen Priester oder Mönche, Lehrer oder Freunde genannt werden; auch ihre Herkunft, ihre Sprache und ihre Konfessionszugehörigkeit sind mir nicht wichtig. Wo finden wir heute – gleich, in welchen Religionen und Konfessionen – die Apostel, Mystiker und Erben Jesu Christi oder anderer Gottessöhne und Gottestöchter, anderer Heiliger und Seher, die uns »mit dem Heiligen Geist und Feuer« taufen und das Auge unserer Seele öffnen könnten für das göttliche Licht, das in der Finsternis der irdischen Hülle scheint?

Solche spirituellen »Reiseführer« hat es immer gegeben, und es gibt sie auch heute. Mein verstorbener Großonkel Hans-Hasso von Veltheim-Ostrau zum Beispiel beschrieb in seinen *Tagebüchern aus Asien* bewegende und überzeugende Lichterfahrungen mit und bei Ramana Maharshi. Vermutlich kennen Sie Berichte manch anderer zeitgenössischer oder früher lebender Menschen über solche besonderen Ereignisse. K.O. Schmidt berichtet darüber ausführlich in seinem Buch *In dir ist das Licht* (siehe Anhang).

In allen Religionen stoßen wir auf das *Wort*, auf Licht und Ton: Im Islam nennt man es *Kalma* oder *Kalam*, im Hinduismus ist von *Nad* und *Udgit* die Rede, im Sikhismus von *Shabd* und *Naam*, und so fort. Ich selbst hatte das Glück, zwei Lehrern dieser Meditation mit dem *Wort*, mit dem inneren Licht und dem Heiligen Geist zu begegnen. Sie leisten ihr Werk überkonfessionell und haben Menschen aus allen Religionsgemeinschaften und Konfessionen mit dem *Wort* verbunden, Christen (darunter Priester, Pfarrer und hochgestellte Kirchenmänner), Hindus, Muslime, Sikhs, Jains, Buddhisten, Agnostiker und sogar Atheisten. Woher haben sie diese Meditation, fragen Sie vielleicht. Von ihren Vorgängern, und diese wiederum von deren Vorgängern ... und so fort. Kommt sie ursprünglich aus derselben Quelle wie die Lehre Christi? Ich denke und glaube es. Aus dieser Quelle stammt die nachfolgende praktische Meditationsanleitung. Damit können Sie sich selber davon überzeugen, daß es einen praktischen Zugang zum inneren Licht und zum *Wort* gibt.

Meditationsanleitung
zur Verbindung mit dem Inneren Licht

Meditation ist die Summe und die Substanz aller Religionen. Solange wir über das, was die heiligen Schriften sagen, keine eigene Erfahrung erlangt haben, können diese Schriften nur bedingt helfen. Sie können uns nicht nach innen führen, und wir können sie nicht auf ihre Richtigkeit hin überprüfen. *Ein Gramm Praxis ist mehr wert als eine Tonne Theorie.*

Es gibt zwei Ströme im Körper, den sensorischen und den motorischen. Der motorische Strom ist verantwortlich für alle unwillkürlichen Funktionen des Körpers, wie die Atmung, den Blutkreislauf und so fort. Er erhält das körperliche Leben. Der sensorische Strom im Körper ist das Bewußtsein, das sich zumeist über die Sinnesorgane nach außen wendet und selbst in Gefühlen, Gedanken und Träumen irgendwie mit der Welt beschäftigt ist. Wenn es gelingt, den sensorischen Strom zu sammeln, sozusagen an seinen Ursprung zurückzuziehen und ihn am dritten Auge, am Sitz der Seele, zu konzentrieren, so erlangen Sie Eintritt in die inneren, spirituellen Ebenen.

Die Meditation ist ein Vorgang, bei dem wir die Aufmerksamkeit von der Welt außen zurückziehen und sie am Sitz der Seele konzentrieren. Der Sitz der Seele befindet sich auf der Stirn zwischen und hinter den beiden Augenbrauen. Wenn Sie Ihre Aufmerksamkeit an diesem Punkt sammeln, dann kommen Sie mit dem inneren, göttlichen Licht in Verbindung. Um sich aber am Sitz der Seele zu sammeln, müssen wir zuerst unseren Körper und unser Gemüt zur Ruhe bringen und die Aufmerksamkeit nicht mehr über die

Sinne nach außen lenken. Dazu sollten wir eine Haltung einnehmen, in der wir entspannt sitzen können, auf einem Stuhl oder auf einer Decke auf dem Boden. (Wenn man sich hinlegt, neigt man eher dazu, einzuschlafen. Falls Sie mit anderen Menschen zusammen meditieren, sollten Sie so sitzen, daß Sie keinen anderen berühren, um Ihre Sammlung nicht zu stören.) Es ist empfehlenswert, an einem ruhigen Platz oder Ort zu meditieren. Sie sollten also ruhig und entspannt sitzen, dabei jedoch geistig ganz bewußt sein.

Als nächstes sollten Sie die Augen entspannt schließen, so, wie wenn Sie schlafen gingen, aber zugleich hellwach bleiben. Wenn Sie die Augen schließen, werden Sie innen zunächst Dunkelheit sehen. Das, was die Dunkelheit innen sieht, ist das innere Auge oder »dritte Auge« oder Einzelauge. Mit diesem inneren Auge sollten Sie liebevoll und wach, entspannt und gleichzeitig gesammelt – aber ohne irgendeine eigene Vorstellung oder Visualisierung! – in die Mitte dessen schauen, was vor Ihnen ist (als ob Sie einen »Film« anschauen würden). Dabei richten Sie Ihren Blick nicht auf alles, was vor Ihnen ist, sondern nur auf einen kleinen Fleck in der Mitte (etwa so groß wie ein Geldstück). Obwohl das innere Schauen innen stattfindet, schauen Sie auf einen Fleck etwa fünfzehn bis zwanzig Zentimeter vor der Mitte der Stirn, nicht nach innen hinter die Stirn (weil sich sonst die physischen Augen unwillkürlich dorthin wenden und daraus Druck im Kopf oder Kopfschmerzen resultieren könnten).

Während dieser Meditation, zum Beispiel zehn, besser zwanzig bis dreißig Minuten lang, brauchen Sie sich nicht um die Welt draußen zu kümmern, sondern Sie sollten die Aufmerksamkeit am dritten Auge gesammelt halten. Dazu ist es nützlich, einen Namen Gottes (Gott, Christus, Maria, Allah o. ä.) langsam und in Abständen rein mental, also nur in Gedanken, am dritten Auge zu wiederholen. So können

Sie sich immer wieder daran erinnern, daß Sie in dieser kurzen Zeit nicht der Welt draußen nachhängen und auch nicht irgendwelchen Gedanken, die auftauchen, sondern mit Ihrer Aufmerksamkeit beim inneren Schauen bleiben.

Wenn Sie nun bei geschlossenen Augen in die Mitte dessen blicken, was vor Ihnen ist, mag zunächst Dunkelheit da sein oder auch ein diffuses Licht wie Nebel oder Farben, Formen, Gestalten und so fort. Auch ein Sternenhimmel, ein großer Stern, Mond, Sonne, ein Auge oder etwas anderes mag auftauchen. Es geht beim inneren Schauen nicht darum, was Sie sehen; Sie halten auch nichts fest oder wünschen sich etwas herbei; Sie erwarten nichts und lehnen nichts ab. Statt dessen bleiben Sie mit dem inneren Blick immer in der Mitte dessen, was Sie innen sehen. Licht mag heller und strahlender werden, näher kommen und aufgehen, so daß Sie hindurchsehen. Wenn Sie einen Sternenhimmel sehen, können Sie einen großen, hellen Stern aussuchen und in dessen Mitte schauen. Wenn Sie Mond oder Sonne sehen, schauen Sie auch in die Mitte. Wenn Sie Heilige oder Himmelsgestalten innen sehen, sollten Sie auf die Mitte ihrer Stirn schauen und weiterhin den gewählten Namen Gottes gedanklich wiederholen, um so zu prüfen, ob es sich vielleicht nur um eine Vorstellung handelt. Einen wahren Heiligen können wir innen bitten, uns zu helfen, den weiteren Weg zu Christus, zur Christus-Kraft und zu Gott zu finden.

Soweit also diese Meditationsanleitung zur Verbindung mit dem inneren Licht.

Es ist möglich (und »richtig«), daß sich die Sinnesströme bei dieser Lichtmeditation soweit zurückziehen, daß man die Gliedmaßen oder sogar den ganzen Körper nicht mehr spürt. Das ist in Ordnung so, denn es geht bei diesem Vorgang um ein zeitweises »Eintauchen« in innere Ebenen. Sie können diese (und jede andere) Meditation jederzeit selbst beenden, wann immer Sie mögen. Man kann noch hinzufügen, daß man auf »Stimmen« nicht hören, sondern diese auffordern sollte, vor dem inneren Blick zu erscheinen, so daß man sie mit einem Namen Gottes prüfen kann.

Mögen Sie in Ihrer Meditation den Segen der Christus-Kraft und aller großen Heiligen erfahren, welche diesen Weg zur eigenen Innenschau mit uns teilen, und mögen Sie durch die Gnade der Christus-Kraft den Weg zu Gott finden. Dies ist ein Teil der »Meditationsmethode«, die in der Bibel beschrieben wird, nämlich jener, die sich auf das innere Licht bezieht. Wer weiterkommen und persönliche Anleitung erhalten möchte, kann einen kompetenten Lehrer darum bitten. Dieser wird auch die »spirituelle Taufe« oder die Einweihung mit dem inneren Tonstrom, der »Sphärenmusik«, wie Pythagoras sie nannte, vornehmen und zusätzliche Hilfen geben, um in das »Reich Gottes« einzutreten und darin weiterzuschreiten. Die oben angebotene Einführung in die Licht-Meditation ist ein erster, aber sehr praktischer und überzeugender Schritt. Im Regelfall brauchen wir dann die Hilfe eines »Reiseführers« durch die Innenwelten, eben einen Meditationslehrer. Weitere Informationen gebe ich ernsthaft Interessierten gern.

Wer die seltene, die goldene Gelegenheit erhält, in eine echte spirituelle Meditation eingewiesen zu werden, sollte nicht säumen, sie zu nutzen. Bitten und beten Sie um Gottes Führung, wenn Sie danach suchen.

Die Suche der Seele: Liebe und Gnade

Läßt sich das Rätsel des Lebens lösen, können wir den Tod überwinden, gibt es einen Sinn in unserem Leben?

Bittet, so wird euch gegeben; suchet, so werdet ihr finden; klopfet an, so wird euch aufgetan. Denn wer da bittet, der empfängt; und wer da suchet, der findet; und wer da anklopft, dem wird aufgetan. Mt 7,7-8

Und [es] wird keine Nacht da sein und [man wird] nicht bedürfen einer Leuchte oder des Lichts der Sonne, denn Gott, der Herr wird sie erleuchten ... Off 22,5

Ihr habt gehört, daß gesagt ist: Du sollst deinen Nächsten lieben und deinen Feind hassen. Ich aber sage euch: Liebet eure Feinde. Segnet, die euch fluchen. Tut wohl denen, die euch hassen. Bittet für die, die euch beleidigen und verfolgen. Mt 5,43-44

Meister, welches ist das vornehmste Gebot im Gesetz? Jesus aber sprach zu ihm: Du sollst lieben Gott, deinen Herrn, von ganzem Herzen, von ganzer Seele, von ganzem Gemüt. Dies ist das vornehmste und größte Gebot. Das andere ist dem gleich: Du sollst deinen Nächsten lieben als dich selbst. In diesen zwei Geboten hängen das ganze Gesetz und die Propheten. Mt 12,36-40

Denn er selbst, der Vater, hat euch lieb ... Joh 15,27

Wenn ich mit Menschen- und mit Engelszungen redete und hätte der Liebe nicht, so wäre ich ein tönend Erz oder eine klingende Schelle. Und wenn ich weissagen könnte und wüßte alle Geheimnisse und alle Erkenntnisse und hätte allen Glauben, und hätte der Liebe nicht, so wäre ich nichts.

Und wenn ich alle meine Habe den Armen gäbe und ließe meinen Leib verbrennen und hätte der Liebe nicht, so wäre es mir nichts nütze . . . Die Liebe wird nicht müde, es müssen [aber] aufhören die Weissagungen und aufhören die Sprachen und die Erkenntnis wird auch aufhören. Denn unser Wissen ist Stückwerk und unser Weissagen ist Stückwerk . . . Wir sehen jetzt durch einen Spiegel in einem dunklen Wort, dann aber von Angesicht zu Angesicht. Jetzt erkenne ich es stückweise, dann aber werde ich erkennen, gleich wie ich erkannt bin. Nun aber bleibt Glaube, Hoffnung, Liebe – diese drei. Aber die Liebe ist die größte unter ihnen. 1 Kor 13,1-13

Im ersten Johannes-Brief wird die Bedeutung der Liebe mit diesen Worten hervorgehoben:

Gott ist die Liebe; und wer in der Liebe bleibt, der bleibt in Gott und Gott in ihm. 1 Joh 4,16

Und es begab sich, als er solches redete, [daß] ein Weib im Volk die Stimme erhob und sprach zu ihm: Selig ist der Leib, der dich getragen hat, und die Brüste, die dich genährt haben. Er aber sprach: Ja, selig sind die, die das Wort Gottes hören und bewahren. Lk 11,27-28

Ist die Christus-Meditation für Sie? Ja, fragen Sie danach, beten Sie um innere Fingerzeige, öffnen Sie Ihr Herz. Erspüren Sie, daß Sie unvergängliche Seele sind, ein »Funken Gottes«, und bitten Sie ihn um Hilfe und Führung, um Liebe und Gnade. Mögen wir alle uns für Gottes Segen öffnen und in seinem *Wort* leben. Mögen wir alle nach bestem Vermögen sein Licht durch unser Leben leuchten lassen, um anderen Menschen helfen zu können. Mögen wir Christi Frieden außen und innen finden und verwirklichen.

Anhang

Hinweise auf weitere Quellen

Das Evangelium des vollkommenen Lebens

»Dieses Ur-Evangelium wird in einem der buddhistischen Klöster in Tibet aufbewahrt, wo es von einem aus der Gemeinschaft der Essener verborgen wurde, um es vor den Händen der Fälscher in Sicherheit zu bringen. Es ist nun zum ersten Male aus dem aramäischen Texte übersetzt.«

So leitete der Reverend G. J. Ouseley die Niederschrift eines Textes ein, den er um 1881 empfangen hatte und unter dem Namen *Das Evangelium des vollkommenen Lebens* oder »Das Evangelium der Heiligen Zwölf« in der Folgezeit veröffentlichte. Sein Text enthält Begebnisse und Gespräche, die in den vier bekannten Evangelien nicht enthalten sind, während er im übrigen fast wörtlich mit den Texten der Bibel übereinstimmt. Die Herausgeber des Textes gehen davon aus, daß dieser Text vieles von dem enthält, was im Laufe der Entstehungszeit der kanonischen Bibel (bis zum Jahre 382, als unter Papst Damasus der »endgültige« Kanon festgelegt wurde und danach angeblich viele Urschriften, die nicht mit dem Kanon im Einklang standen, vernichtet wurden) verloren ging. Interessanterweise sprach Ouseley davon, daß dieser Text uns »die weibliche Zartheit sowohl als die männliche Kraft des vollkommenen Christus« übermittele, und wies damit schon vor gut hundert Jahren auf den Aspekt des Weiblichen in Gestalt und Wirken Jesu Christi hin, wie es in unseren Tagen Franz Alt getan hat mit seinem Buch *Jesus, der erste neue Mann*.

Hier nun einige wenige Auszüge aus dem Text (zitiert aus o. g. Werk, S. 28-29; siehe auch bibliographische Hinweise weiter unten):

6,10. Und als Jesus achtzehn Jahre alt war, ward er mit Mirjam verheiratet, einer Jungfrau aus dem Stamme Juda, und er lebte mit ihr sieben Jahre lang, bis sie starb; denn Gott nahm sie zu sich, damit Jesus zu den höheren Dingen frei werde, die er zu vollbringen hätte und zu leiden für alle Söhne und Töchter der Menschen.

Ouseley bringt hier eine Fußnote an, die so lautet:

»Mereschkowski, Jesus – der Unbekannte: ›Die ersten Christen, die Ebioniten, lehren: Jesus war ein Sünder, wie alle, und ward erst in der Taufe, als mit dem Geist – die Taube – Christus in ihn kam, sündenlos.‹«

Eine Verheiratung Jesu entspräche bekanntlich auch dem Brauch unter jüdischen Rabbinern, der durch Ehe und Vaterschaft gekennzeichnet ist. Man denke auch an die Stammtafeln über die Abkunft Jesu.

6,11. Und Jesus, da er das Studium des Gesetzes vollendet hatte, ging wieder nach Ägypten, auf daß er die Weisheit der Ägypter erlerne, ebenso wie es Moses getan hatte. Und er ging in die Wüste, allwo er betete und fastete, und er erhielt die Kraft des göttlichen Namens [des *Wortes?*], durch welche er viele Wunder wirkte.

6,12. Und durch sieben Jahre hindurch redete er mit Gott von Angesicht zu Angesicht, und er erlernte die Sprache der Tiere und der Vögel und die Heilkräfte der Bäume, Kräuter und Blumen und die verborgenen Kräfte der Edelsteine und lernte auch die Bewegungen der Sonne und des Mondes und der Sterne und die Macht der Schriftzeichen, die Mysterien des Kreises und des Winkelmaßes und die Verwandlung der Dinge und Formen, der Zahlen und Zeichen. Von dort kehrte er zurück nach Nazareth, allwo er seine Eltern besuchte, und er lehrte dortselbst und in Jerusalem als ein anerkannter Rabbi, sogar im Tempel, und es hinderte ihn niemand daran.

6,13. Und nach einiger Zeit ging er nach Assyrien und Indien und nach Persien und in das Land der Chaldäer. Und er besuchte ihre Tempel und sprach mit den Priestern und den Weisen viele Jahre hindurch, und er tat viele wunderbare Werke und heilte die Kranken, während er durch die Länder zog.

Und weiter heißt es (zitiert aus o. g. Werk, S. 93-94):

37,4. Und ein gewisser Rabbi [Nikodemus] kam zu ihm während der Nacht aus Furcht vor den Juden und sprach zu ihm: »Wie kann ein Mensch wiedergeboren werden, wenn er alt ist? Kann er wiederum in seiner Mutter Leib gehen und neu geboren werden?«

37,5. Jesus antwortete: »Wahrlich, ich sage dir, es sei denn, daß jemand wiedergeboren werde aus dem Fleische und dem Geiste, so kann er nicht in das Reich Gottes kommen. Der Wind bläst, wo er will, und du hörest sein Sausen wohl, aber du weißt nicht, von wannen er kommt und wohin er fährt.

37,6. Das Licht scheinet vom Osten zum Westen; aus der Finsternis steigt die Sonne empor und geht wieder hinab in die Finsternis. Also ergehet es dem Menschen in alle Ewigkeit.

37,7. Wenn sie aus der Finsternis kommt, so hat sie vorher gelebt, und wenn sie wieder niedersinkt, so geschieht es, auf daß sie ein wenig raste und dann abermals lebe.

37,8. Also müsset ihr durch viele Wandlungen hindurch, damit ihr vollkommen werdet, so wie es geschrieben steht in dem Buche Hiob: Ich bin ein Wanderer und wechsle einen Platz nach dem andern, bis ich in die Stadt und in das Haus komme, die ewig sind.«

Im Nachwort machen die Herausgeber auf wesentliche Unterschiede dieses Evangeliums im Vergleich zu den vier bekannten der üblichen Bibelfassungen aufmerksam: »Das vorliegende Evangelium unterscheidet sich vor allem in zwei Dingen von den bisher bekannten: In der Tierliebe und Forderung der Fleischenthaltung und in der Lehre der Wiedergeburt. In unserem Jahrhundert betrachtet man diese Fragen als nebensächlich, und es fällt darum manchem schwer, zu glauben, daß Christus denselben so große Bedeutung beigemessen habe.«

Die mir vorliegende Fassung ist erschienen im Humata Verlag Harold S. Blume, Bern/Freiburg/Salzburg 1953, nach der Originalausgabe der englischen Übersetzung eines aramäischen Urtextes von Reverend G. J. Ouseley, erstmals erschienen im Verlag *The Order of At-one-ment* und der *United Templars Society* um 1902; möglicherweise jetzt nur noch antiquarisch erhältlich.

Das Wassermann-Evangelium
von Jesus dem Christus

Das Wassermann-Evangelium will eine vollständige Chronik des Lebens Jesu sein. Sie wurde von Levi Dowling, einem amerikanischen Pastor und Arzt, um die Jahrhundertwende niedergeschrieben. Er folgte einer Vision, eine »weiße Stadt« zu erbauen, die er als Symbol für seine Aufgabe ansah, auch über die Jahre im Leben Jesu zu berichten, über welche die kanonischen Evangelien nichts aussagen.

Wir lesen von »Lehr- und Wanderjahren« und folgen Jesus nach Indien, wo er in Tempeln und Klöstern, bei Brahmanen und Buddhisten, in Orissa, Benares, Lhasa und Lahore gelebt, gelernt und gelehrt haben soll. Er disputierte und lehrte, so sagt dieses Buch, und widerlegte die Lehre der Seelenwanderung. Der Verfasser berichtet weiter von Jesu Wirken in Persien, Assyrien, Griechenland und Ägypten. Es folgt eine Beratung im »Rat der sieben Weltweisen« sowie ein ausführlicher Bericht über Jesu öffentliches Auftreten in Israel und Palästina. Levi beschreibt das Hineinwachsen Jesu in seine Aufgabe als eine langsame Reifung, die nicht ohne schwere Prüfungen war, bevor er wirklich zum Christus werden konnte. Obwohl die Quelle oder Quellen dieses Werks nicht genannt werden und womöglich (»nur«?) in der »Inspiration« des Verfassers liegen mögen, enthält es doch anschauliche und glaubwürdige Berichte, die sich oft mit inzwischen bekannt gewordenen und authentischer dokumentierten Texten decken. Diese Berichte runden ein spirituelles Bild Jesu Christi ab, ohne sich von den Darstellungsweisen und Glaubensüberzeugungen der üblichen christlichen Lehre allzu weit zu entfernen. Das Buch ist erschienen im Hugendubel Verlag, Edition Kailash, München 1980.

Christentum und Tierschutz –
Das vergessene Evangelium

Diese kleine Schrift von nur sechzehn Seiten ist ein herzlicher Aufruf an alle Christen, das Gebot »Du sollst nicht töten« umfassend anzunehmen, es also auch darauf zu beziehen, keine Tiere zu töten. Die Schrift beruft sich auf das »Evangelium der Zwölf«, das auch weiter oben schon im Abschnitt *Das Evangelium des vollkommenen Lebens* unter ebendiesem Namen erwähnt wurde. Der Verfasser, Dr. med. Werner Hartinger, Facharzt für Chirurgie und zeitweise Erster Vorsitzender der Vereinigung »Ärzte gegen Tierversuche«, Frankfurt, greift etliche Berichte aus Jesu Leben auf, wie sie in diesem Evangelium dargestellt werden. Er weist auf die Essenergemeinschaft hin, daß dort, etwa einhundert Jahre vor Jesus von Nazareth, ein »Jesus ben Pandira« lebte, der in einer alexandrinischen Mysterienschule ausgebildet wurde und auf den alle heute noch bekannten Ordensregeln der Essener zurückgehen sollen, die in den apokryphen Schriften und teilweise noch in den Evangelien zu finden sind. An dieser Stelle soll ein Auszug aus dem 20. Kapitel dieses Evangeliums genügen (nach der Fassung von Rev. Ouseley, Kapitel 20, Abschnitte 1-8 und Anmerkung):

1. Und es geschah, daß der Herr aus der Stadt zog und mit seinen Jüngern über die Berge ging. Und da kamen sie an einen Berg, dessen Wege sehr steil waren, und fanden einen Mann mit einem Lasttier.
2. Das Pferd aber war zu Boden gestürzt; denn die Last war ihm zu schwer, und der Mann schlug es, daß das Blut von dem Körper des Tieres rann. Und Jesus trat zu ihm und sprach: »Du Sohn des Greuels, warum schlägst du dein

Tier? Siehst du denn nicht, daß es für seine Last viel zu schwach ist, und weißt du nicht, daß es Schmerz leidet?«

3. Der Mann aber antwortete und sprach: »Was hast du damit zu schaffen? Ich kann mein Tier schlagen, so viel es mir gefällt; denn es gehört mir, und ich kaufte es für eine schöne Summe Geldes. Frage nur die da, sie kennen mich und wissen es.«

4. Und einer von den Jüngern antwortete und sprach: »Ja, Herr, es ist so, wie er sagt, wir waren dabei, als er das Pferd kaufte.« Und der Herr erwiderte: »Sehet ihr denn nicht, wie es blutet, und höret ihr nicht, wie es stöhnt und jammert?« Sie aber antworteten und sprachen: »Nein, Herr, wir hören nicht, daß es stöhnt und jammert!«

5. Und Jesus wurde traurig und sprach: »Wehe euch, ihr Hartherzigen, die ihr nicht hört, wie es um Mitleid klagt und schreit zu seinem himmlischen Schöpfer, und dreimal Wehe dem, gegen den es schreit und stöhnt in seiner Qual!«

6. Und er schritt weiter und berührte das Pferd, und das Tier erhob sich, und seine Wunden waren geheilt. Aber zu dem Manne sprach er: »Gehe nun deinen Weg und schlage es künftighin nicht mehr, so auch du Mitleid zu finden hoffest.«

7. Und da er das Volk herankommen sah, sprach Jesus zu seinen Jüngern: »Der Kranken wegen bin ich krank, der Hungrigen wegen leide ich Hunger, der Durstigen wegen leide ich Durst.«

8. Und er sagte auch: »Ich bin gekommen, die Opfer und die Blutfeste abzuschaffen, und wenn ihr nicht aufhören werdet, Fleisch und Blut der Tiere zu opfern und zu verzehren, so wird der Zorn Gottes nicht aufhören, über euch zu kommen, ebenso wie er über eure Vorfahren in der Wüste gekommen ist, die dem Fleischgenusse frönten und von Fäulnis erfüllt und von Seuchen aufgezehrt wurden.« ... »Wichtig ist auch, sich klarzumachen, daß tatsächlich überall, wo das junge Christentum hinkam, die

blutigen jüdischen Opfer *ein für allemal aufgehört haben.* Dieser Umwälzung von gewaltiger Bedeutung wurde viel zu wenig Beachtung geschenkt.«

Hartinger will auch einen »schwerwiegenden Übersetzungsfehler« korrigieren, »der zu Darstellungen und Auffassungen über das Abendmahl führte, die dem christlichen Gedankengut eindeutig widersprechen«:

»In den gebräuchlichen Ausgaben des Neuen Testamentes wird behauptet, daß das Abendmahl aus einem Osterlamm bestanden habe, was von vielen gerne als Beweis dafür angesehen wird, daß Christus Jesus kein Vegetarier gewesen sein könne wie die Essener. Jeder Interessierte mit ausreichenden Kenntnissen über die damaligen jüdischen Gesetze weiß, daß kein Jude am Donnerstag ein Lamm zu schlachten gewagt hätte, ja nicht einmal [gewagt hätte, es] zu verkaufen oder es zuzubereiten. Diese Vorschrift war besonders streng am Donnerstag vor Ostern eingehalten, weil es das wichtigste jüdische Fest war. Obwohl bereits die griechische Übersetzung der Evangelien Interpretationsfehler enthalten kann, geht jedoch aus ihnen unzweifelhaft hervor, daß das griechische Wort ›to pas-cha‹ von Luther mit ›Osterlamm‹ wiedergegeben und von fast allen nachfolgenden Ausgaben übernommen wurde. Die ursprüngliche, und damals alleinige Bedeutung dieses Wortes war aber ›Ostermahl‹, was aus Zwiebeln (oder Tomaten), Brot und (ungegorenem) Wein bestand. Diese Zutaten werden auch ausführlich beschrieben, dagegen das ›Lamm‹ mit keinem Wort erwähnt . . . Im wichtigen Johannes-Evangelium wird der (griechische) Begriff ›Ostermahl‹ überhaupt nicht verwendet, und im Hinblick auf den Zeitpunkt drei Tage vor Ostern konnte es auch kein Ostermahl im Sinne des ›to pas-cha‹ gewesen sein. Johannes benutzte das Wort ›Abendessen‹ in unmißverständlicher Übersetzung, womit es ganz eindeutig definiert ist. Ein weiteres wichtiges Indiz ist die ausdrückliche Erwähnung des Wasserträgers am Brunnen, in dessen Haus das Mahl zubereitet werden sollte. Nur bei den Essenern war es üblich, daß der Mann das Wasser vom Brunnen holte, und diese waren strenge Vegans [d. h. strenge Vegetarier]. Das letzte Mahl fand also in einem Vegetarierhaus statt, und es wäre undenkbar, daß hierin ein Fleischgericht auf den Tisch gekommen wäre. Es bestand vorgeschriebenerweise aus Zwiebeln und Tomaten, Brot und ungegorenem Wein, nach unserer heutigen Bezeichnung besser: aus Traubensaft. Nur so kann das bedeutungsvolle und in die Geschichte eingegangene Abendmahl mit dem christlichen Gedankengut und den zitierten Aussagen Jesu Christi in verständlichen Einklang gebracht werden.«

(Aus: *Christentum und Tierschutz – Das vergessene Evangelium*, S. 10 ff.) Die vollständige Broschüre ist erhältlich bei der Druckerei Fred Wipfler, Fachverlag für Tierschutz, München, Glockenblumenstr. 26.

Gerechtigkeit und Friede küssen sich: Das Geheimnis der zwei Jesusknaben

Hier handelt es sich um eine kleine Schrift von etwa sechzig Seiten, vom Mystiker Albert Niedermaier, die mir kürzlich freundlicherweise aus Deutschland zugesandt wurde. Der Verfasser führt eingangs Rudolf Steiners Christologie an, in der zwei Jesusknaben, ein königlicher und ein priesterlicher, eine wichtige Rolle spielen. Er weist auf biblische Aussagen zu diesem Thema hin:

> Es sind die zwei Gesalbten, die vor dem Herrscher aller Lande stehen. Zach 4,14

Manchmal auch: »welche stehen bei dem Herrscher . . .«, und Luther schreibt: »Es sind die zwei Ölkinder, welche stehen bei dem Herrscher des ganzen Landes.«

> Und ich will meine zwei Zeugen geben und sie sollen weissagen tausendzweihundertundsechzig Tage angetan mit Säcken. Dies sind zwei Ölbäume und zwei Fackeln, stehend vor dem Gott der Erden . . . Diese haben Macht, den Himmel zu verschließen . . . und haben Macht über das Wasser. Off 11,3-6

Kern dieser Abhandlung ist die Darstellung eines Zyklus der Erdgeschichte, in dem immer wieder zwei »Messiasse« auftauchen, die unterschiedliche Aufgaben haben und dennoch zusammenwirken sollen. Bekanntlich erwartete die Essener-Bruderschaft, denen Jesus oft zugerechnet wird, ebenfalls zwei Messiasse. Niedermaier betrachtet Jesus von Nazareth bzw. Jesus Christus selbst übrigens nicht als Gottes-Sohn und/oder Menschen-Sohn, sondern vielmehr als nichts weniger als den »Vater«, also als Gott selbst, der sich in Jesus Christus verkörpert hat. Als Zukunftsentwurf entsteht nach dieser Schrift eine einzige gemeinsame Religion, in der christliche und buddhistische Ideale und Erfahrungen verschmelzen. In einigen mir wesentlich erscheinenden Punkten kann ich dem Verfasser nicht folgen. Doch ist diese kleine Schrift voller interessanter Hinweise und Perspektiven, und ich achte auch das Bemühen von Albert Niedermaier und der Gruppe, die mit ihm arbeitet, eigene religiöse Erfahrung und urchristliche Verwirklichung zu erlangen.

Weitere Informationen über: A. Niedermaier, Maierbreite 8, D-86874 Tussenhausen bei Mindelheim, Tel. (0 82 68) 15 28. Literaturhinweis: Elsbeth Weymann, *Zepter und Stern: die Erwartung von zwei Messiasgestalten in den Schriftrollen von Qumran*, Verlag Urachhaus, Stuttgart 1993.

Literaturangaben

Ausgewählte deutschsprachige populäre Literatur über Jesus.
Mit Kurzkommentar

Jesus – Leben und Welt des Jesus von Nazareth, Michael Grant, Lübbe Verlag, Bergisch Gladbach 1979. Nach wie vor eines der großartigsten und historisch genauesten Werke über die Person Jesu, seine Umwelt und seine Zeit.

Jesus der Magier, Morton Smith, List Verlag, München 1981. Ebenfalls eine Biographie Jesu mit dem Anspruch auf historische Genauigkeit. Wie der Buchtitel bereits aussagt, ist dies ein Buch, in dem Jesus dargestellt wird als ein Menschheitslehrer, der mit der Magie vertraut gewesen und sie angewandt haben soll.

Die Umwelt Jesu – Der Alltag in Palästina vor 2000 Jahren, Henri Daniel-Roops, dtv, München 1980. Eine Art »Reiseführer« zu biblischen Stätten und damit auch zu den Evangelien.

Der Jesus-Mythos, Peter de Rosa, Knaur Verlag, München 1993. Ein kenntnisreiches Buch eines ehemaligen katholischen Priesters, das sich entsprechend seines Untertitels Über die Krise in der katholischen Kirche vor allem der Glaubwürdigkeit der Institution Kirche widmet. Trotz der durchaus auch berechtigten Kritik stellt der Autor allerdings sein Verständnis wesentlicher religiöser Dinge selbst in Frage, wenn er beispielsweise sagt, »daß es eine Wirklichkeit wie die Seele nicht gibt. ›Seelen‹ gehören in die Mythologie . . .« (S. 163), oder behauptet: »Beim Tod hört ein Mensch auf, zu sein . . . « (S.164). Hier wird meiner Ansicht nach das Kind mit dem Bade ausgeschüttet: Daß es eklatante Irrtümer, grauenhafte Übergriffe und absolut unchristliche Verhaltensweisen des Klerus gab und gibt, ist kein Grund, das grundlegende mystische Erleben der geistigen Wirklichkeit zu leugnen, nämlich daß es eine individuelle und selbst erfahrbare Seele gibt, die ihr Leben und ihr Bewußtsein aus einer höheren Kraft erhält, die wir durchaus »Gott« nennen können.

Die Verschwörung von Jerusalem – Wer war Jesus wirklich?, Kamal Salibi, Goldmann Verlag, München 1993. Der Verfasser geht den arabischen Ursprüngen und Einflüssen der biblischen Schriften nach und stellt die Hypothese vor, daß im Neuen Testament drei verschiedene Menschen zu einer einzigen Person namens Jesus verwoben wurden. Der erste war ein israelitischer Prophet, der unter dem Namen Issa bekannt war, der zweite ein arabischer Fruchtbarkeitsgott namens Al Issa, und der dritte war der historische Jeshu, Bar Nagara, genannt Jesus von Nazareth, der heute als Messias und Christus betrachtet wird. »Einiger unserer Schlußfolgerungen können wir durchaus sicher sein: So ist es mehr als bloße Vermutung, daß es neben dem historischen Jesus (Jeshu) der Evangelien noch einen israelitischen Propheten namens Jesus (Issa) gegeben hat sowie einen Kult eines arabischen Gottes gleichen Namens (Al Issa). Andere Erkenntnisse sind begründete Schlußfolgerungen, die auf vorhandenen Informationen beruhen: daß sich beispielsweise Paulus bei seinem Besuch in Arabien Kopien der Schriften sicherte, die er dort fand. Paulus und andere nach ihm benutzten außer den Texten des Alten Testaments diese ›Pergamente‹, um das neutestamentliche Bild vom Jesus der Evangelien als dem ewigen Sohn Gottes und lebenden Christus zu entwickeln.« (Zitat von S. 250 des o.g. Buchs.)

Verschlußsache Jesus – Die Qumranrollen und die Wahrheit über das frühe Christentum, Michael Baigent und Richard Leigh, Droemer Verlag, München 1991. U. a. Schlüsseltexte über die Urchristen und über die Auseinandersetzung zwischen dem »spätberufenen« Paulus und Jakobus, Jesu Bruder und ersten Führer der Jerusalemer Gemeinde, um die Führung der wachsenden Christengemeinschaften.

Der heilige Gral und seine Erben – Ursprung und Gegenwart eines geheimen Ordens, sein Wissen und seine Macht, Lincoln-Baigent-Leigh, Bastei Lübbe Verlag, Bergisch Gladbach 1984. Ein spannendes Buch über Tempel-Orden, die sich (angeblich) auf die Familie Jesu zurückführen lassen. Teilweise interessante neue Hinweise.

Der wirkliche Jesus – Das total andere Gottesbild, Karl Herbst, Walter Verlag, Solothurn/Düsseldorf 1991. Franz Alt schrieb in seinem Vorwort u. a.: »War Jesus Gott oder ›nur‹ Mensch? Jahrhundertelang haben sich darüber Theologen gestritten. Politiker haben wegen dieser Frage sogar Krieg geführt. Wer es ehrlichen Herzens wissen will und im ältesten Evangelium bei Markus nachliest, erhält – mit Hilfe von Karl Herbst – diese einfache Antwort: Jesus war kein Gott und kein Übermensch, sondern ein bescheidener und gerade deshalb vertrauenswürdiger Gottsucher. So sagte er es nämlich selbst. Und das ist doch wichtiger als das, was Theologen von ihm glauben – oder?«

Jesus – Der erste neue Mann, Franz Alt, Piper Verlag, München 1992. Zu diesem Bestseller schrieb Alt selbst: »Ich nenne Jesus den ersten neuen Mann, weil er beispielhaft das Weibliche in sich nicht unterdrückt, sondern entwickelt und integriert hat.«

Das Thomas-Evangelium – Seine östliche Spiritualität, E. van Ruysbeek & M. Messing, Walter Verlag, Solothurn/Düsseldorf 1993. »›Jesus der Lebendige‹ spricht nicht von Sünde, sondern von der Überwindung der Dualität.« Die Autoren stellen die 114 im »Thomas-Evangelium« überlieferten Jesus-Worte mit poetisch-religiösen Kommentaren vor, zeichnen ein Bild der Entstehung und Einordnung dieses fünften Evangeliums und gehen der Frage nach, wer »Thomas« wohl gewesen sein mag.

Das Friedensevangelium der Essener, aus dem Aramäischen von E. B. Székely, Verlag Bruno Martin, Südergellersen 1987.

Das Johannes-Evangelium als Offenbarung des kosmischen Christus, Arthur Schult, Der Leuchter, Otto Reichl Verlag, Remagen 1965. Lieferbar u.a. über Verlagsauslieferung Zluhan, Bietigheim/Württ.

Der Essäer-Brief: Wer war Jesus?, Hermann Kissener (Hrsg.), Drei Eichen Verlag, München/Engelberg 1968.

Briefwechsel zwischen Abgarus Ukkama, Fürst von Edessa, und Jesus von Nazareth; Lorber Verlag, Bietigheim 1992.

Weitere empfohlene Bücher
Mit Kurzkommentar

In dir ist das Licht, K.O. Schmidt, Drei Eichen Verlag, München/Engelberg 1959. »Vom Ich-Bewußtsein zum Kosmischen Bewußtsein – die großen Erleuchteten als Führer zur Vollendung.« Dies ist der Klassiker des Verfassers, der zahlreiche wichtige spirituell wegweisende Bücher geschrieben hat. Er berichtet über Leben, Werk und Botschaft von Religionsstiftern, Mystikern und Heiligen aus allen Epochen und Kulturräumen. Der Autor zeigt auf, daß das göttliche Licht der Seele und das Seelenleben in Gott Mittelpunkt aller geistigen Wege ist. Ein erhebendes Buch.

Die großen Eingeweihten, Edouard Schuré, Barth Verlag, München 1982. Rama, Krishna, Hermes, Moses, Orpheus, Pythagoras, Plato und als krönender Höhepunkt Jesus Christus sind die »großen Eingeweihten«, die der Autor als Sendboten kosmischer Weisheit und mitmenschlicher Liebe sowie als Träger und Lehrer mystischer Selbsterfahrung und Gotterkenntnis beschreibt. Ein beeindruckendes Werk.

Die Krone des Lebens, Kirpal Singh, Günther Verlag, Stuttgart 1974. Die umfassendste und kenntnisreichste Zusammenstellung von Texten aus allen Religionen und Traditionen, die sich mit der inneren Kraft befassen, die wir als den »Heiligen Geist« oder das »Wort« kennen, geschrieben von einem der großen Geister, Menschheitslehrer und Mystiker unserer Zeit. Ein Grundlagenbuch für Menschen, die sich ganz praktisch auf den Weg zur Selbstverwirklichung begeben möchten.

Gotteskraft – Christuskraft – Meisterkraft, Kirpal Singh, SK Publikationen, zu beziehen über SK Publikationen, Ludwigstr. 3, D-95028 Hof. Eine wunderbar klare Ansprache des 1974 hinübergegangenen Präsidenten der Weltgemeinschaft der Religionen in der St. James Episcopal Church in Houston, Texas, am 25. Dezember 1963. Darin erläutert der große Mystiker, wie sich die schöpferische Kraft Gottes immer, seit Anbeginn der Welt, auf der Erde in Heiligen und Gottesboten manifestiert hat und weiterhin wirken wird, solange es Menschen gibt.

Karma und Gnade, Peter Michel, Aquamarin Verlag, Grafing 1992. Eine verständliche Untersuchung der Fragen, ob die Karma-Lehre »lieblos« und die Gnaden-Lehre »ungerecht« sei. Der Verfasser betrachtet beide, Karma und Gnade, als zwei verschiedene Ausformungen eines einzigen göttlichen Gesetzes und gelangt zur Schlußfolgerung, daß Karma Gnade ist!

Das große Lesebuch der Mystiker, Diane v. Weltzien und Wulfing von Rohr (Hrsg.), Goldmann Verlag, München 1993. Eine Auswahl von Original-Texten der fünfundzwanzig wichtigsten christlichen Mystiker/innen von Augustinus über Franziskus, Hildegard von Bingen, Meister Eckehart, Ignatius von Loyola, Teresa von Avila bis zu Jakob Böhme und Jakob Lorber. Geeignet als »Einstieg« in das europäische geistig-spirituelle Wissen anhand von Ursprungsquellen.

Aufruf zur spirituellen Verantwortung: Benefiz-Video, 88 Minuten, Produzent Wulfing von Rohr; Christa Falk Verlag, Seeon 1994, ISBN der Fassung mit deutscher Übersetzung 3-924161-96-8. Ausschnitte aus Vorträgen und persönlichen Gesprächen mit dem Dalai Lama, dem Sufi-Meister Pir Vilayat Khan, dem Franziskaner Padre Maximilian Mizzi und dem Präsidenten der Weltgemeinschaft der Religionen, Sant Rajinder Singh, anläßlich der 7. Welt-Religionskonferenz in Delhi, Indien, 1994.

Verwendete Literatur (zusätzlich zu den o. g. Werken;
Werke mit * erscheinen mir besonders wichtig)

Atteshlis, Stylianos (»Daskalos«), Parabeln. Die esoterische Deutung der Gleichnisse Jesu, Knaur, München 1992.

Aune, David E., The New Testament and Its Literary Environment, Library of Early Christianity, Westminster Press, Philadelphia 1987.

Baden, Hans Jürgen, Was bedeutet uns die Erfahrung der Mystik?, Herder, Freiburg 1981.

* Barnstone, Willis (Hrsg.), The Other Bible, Harper & Row, San Francisco 1984.

Barthel, Manfred, Was wirklich in der Bibel steht, Econ, Düsseldorf 1987.

Bazzi, Michael J., Chaldeans – Present and Past, St. Peter Chaldean Catholic Church, El Cajon CA 1989 .

Ben-Chorim, Schalom, Mutter Mirjam – Maria in jüdischer Sicht, dtv, München 1982 .

Cameron, Ron, The Other Gospels, Westminster Press, Philadelphia 1982.

Cross, Colin, Who was Jesus?, Barnes & Noble, New York 1993.

D' Souza, Herman, In The Steps of St. Thomas, Diocesan Press, Madras 1983 .

* Meister Eckehart, Quint, Josef (Hrsg.), Deutsche Predigten und Traktate, Goldmann, München o.J.

Errico, Rocco A., The Mysteries of Creation – The Genesis Story, Noohra Foundation, Santa Fe 1993 .

Errico, Rocco A., Let There Be Light – The Seven Keys, Noohra Foundation, Santa Fe 1994.

Ewing, Upton Clary, The Prophet of the Dead Sea Scrolls, Tree of Life Publications, Joshua Tree CA 1994 .

* Faber-Kaiser, A., Jesus Died in Kashmir, Abacus–Sphere Books, London 1976.

Federau, Wolfgang, Te Deum, Sonette von Wolfgang Federau, Privatdruck Ratzeburger Allee 92, 23562 Lübeck, 1986; gedruckt bei Eugen Radtke, Geniner Straße 191, 23560 Lübeck.

Forcucci, James F. (Hrsg.), The Forgotten Pilgrimage of Jesus, Issana Press, Lincoln NB 1989.

Fredriksen, Paula, From Jesus to Christ – The Origins of the New Testament, Yale University Press, New Haven 1988.

* Funk, Robert W./Hoover, Roy W. und das »Jesus Seminar«, The Five Gospels – The Search for the Authentic Words of Jesus – What did Jesus Really Say?, Macmillan, New York 1993.

Grant, Robert M., Gods and the One God, Library of Early Christianity, Westminster Press, Philadelphia 1986.

* Grant, Robert/Freedman, David Noel, The Secret Sayings of Jesus, Barnes & Noble, New York 1993.

Guirdham, Arthur, The Great Heresy, C.W. Daniel, Saffron Walden 1993.

Hall, Manly Palmer, The Mystical Christ, The Philosophical Research Society, Los Angeles 1993 .

de Haven-Smith, Lance, The Hidden Teachings of Jesus, Phanes Press, Grand Rapids MI 1994.

Imbach, Josef, Wem gehört Jesus?, Wie Juden, Christen und Muslime Jesus sehen, Kösel, München 1989.

Johannes Paul II, Crossing The Treshold Of Hope, A. Knopf, New York 1994 .

Kersten, Holger, Jesus lebte in Indien, Knaur, München 1983.

Kugel, James L. und Greer, Rowan A., Early Biblical Interpretation, Library of Early Christianity, Westminster Press, Philadelphia 1986.

* Lapide, Pinchas, Paulus zwischen Damaskus und Qumran, GTB, Gütersloh 1993 .

* Luther, Martin, Die gantze Heilige Schrifft, Bd. 1-3, dtv text-bibliothek, München 1974 .

Merton, Thomas, The Wisdom of the Desert, New Directions, New York 1970.

Meyer, Marvin, The Gospel of Thomas: The Hidden Sayings of Jesus, Harper, San Francisco 1992 .

Mitchell, Stephen, The Gospel According to Jesus, HarperCollins, San Francisco 1991.

Pagels, Elaine, The Gnostic Gospels, Vintage Press, o.O. 1979.

Powell Davies, A., The Meaning of the Dead Sea Scrolls, New American Library, New York o.J.

Prophet, Elizabeth Clare, The Lost Years Of Jesus, Summit University Press, Malibu CA 1984.

Pryse, James Morgan, Reinkarnation im Neuen Testament, Ansata Verlag, Interlaken 1980.

* Robinson, James M. (Hrsg.), The Nag Hammadi Library, Harper & Row, San Francisco 1981.

Roche de Coppens, Peter, Divine Light and Love, Element Books, Rockport Mass. 1994.

Sanderfur, Glenn, Lives of the Master – The Rest of the Jesus Story, A.R.E. Press, Virginia Beach 1971.

Schellenberger, Bernardin, Ein Lied, das nur die Liebe lehrt – Texte der frühen Zisterzienser-Mönche, Herder, Freiburg 1981.

* Silesius, Angelus/Brock, Erich (Hrsg.), Der Cherubinische Wandersmann, Diogenes, München 1979.

* Singh, Darshan, Das Geheimnis der Geheimnisse, SK Publikationen, Stuttgart 1981 (jetzt Hof).

Singh, Darshan, Liebe auf Tritt und Schritt (Das Wunder der inneren Welten), Fischer, CH-Münsingen 1993 .

Singh, Kirpal, Karma – Das Gesetz von Ursache und Wirkung, Origo Verlag, Bern 1983.

Singh, Kirpal, Das Mysterium des Todes, Origo Verlag, Bern 1991.

Singh, Kirpal, Naam or Word, SK Publications, Naperville IL 1992.

* Singh, Rajinder, Orte der Kraft – Kräfte des Lebens, SK Publikationen, Hof 1990.

Spiegel, Peter (Hrsg.), Jesus: Worte der Weisheit, Horizonte Verlag, Frankfurt 1992.

Stambaugh, John E./Balch, David L., The New Testament in Its Social Environment, Library of Early Christianity, Westminster Press, Philadelphia 1986.

Stone, Merlin, When God Was A Woman, Harvest Books, New York 1976 .

* Stone, Randolph, The Mystic Bible, Radha Soami Satsang, Beas, Indien 1956 .

Thiering, Barbara, Jesus and the Riddle of the Dead Sea Scrolls, HarperCollins, San Francisco 1992.

Vermes, Geza, Jesus the Jew – A Historian's Reading of the Gospels, Fortress Press, Philadelphia 1981.

* Vermes, Geza, The Religion of Jesus the Jew, Fortress Press, Minneapolis 1993.

Wilson, A. N., Jesus – A Life, Fawcett/Columbine, New York 1992.

Winterhalter, Robert/Fisk, George W., Jesus' Parables: Finding Our God Within, Paulist Press, Mahwah, NJ 1993.

* Zürrer, Ronald, Reinkarnation – Die umfassende Wissenschaft der Seelenwanderung, Sentient Press, Zürich 1989.

Auswahl weiterer Bücher des Verfassers

Meditation – Kraft aus der Mitte. Ein Übungsbuch für Anfänger und Fortge-schrittene, Goldmann Verlag, München, 2. Auflage 1993.

Magisch Reisen Indien, Goldmann Verlag, München, 2. Auflage 1994.

Karma und freier Wille im Horoskop – Lebensaufgaben erkennen und erfüllen – Ein Weg zur spirituellen Astrologie, Hier & Jetzt Verlag, Hamburg, 1. Auflage 1995.

Es steht geschrieben . . . Ist unser Leben Schicksal oder Zufall, Karma oder Chaos? Von Palmblattbibliotheken und heiligen Schriften, Ariston Verlag, Genf/München, 2. Auflage 1994.

Nostradamus – Seher und Astrologe: Entschlüsselte Geheimnisse und ungelö-ste Rätsel – Das große Quellenbuch, Ariston Verlag Genf/München, 2. Auflage 1994.

.

Adressenhinweis

Für Informationen über Vorträge zum Thema dieses Buchs
oder zu verwandten Themen können sich Buchhandlun-
gen, Gemeinden, geistige Gruppen und sonstige Veranstal-
ter wenden an:

Irmgard Sellmann,
ASK-Agentur Sellmann Köln
Postfach 27 05 49
D-50511 Köln
Tel.: (02 21) 23 77 78 oder 23 62 14
Fax: (02 21) 21 09 25
oder an den
Goldmann Verlag, München.

Nachwort:
Gedanken auf den Weg

Was wissen wir über Jesus? Wissen wir alles über Jesus? Nein, natürlich nicht. Bei der gewaltigen Größe dieses Themas bleiben wichtige Aspekte unvollständig, viele Ansätze subjektiv oder unscharf, manche ungenau oder sogar historisch unrichtig. Die wahre Botschaft und Lehre Jesu Christi ist die der Unsterblichkeit der Seele, die wir während der Lebenszeit im menschlichen Körper erfahren können. Oft werde ich bei Vorträgen nach meinen Überzeugungen gefragt, deshalb will ich darauf an dieser Stelle kurz eingehen. Sie sollen wissen, wie der Autor Jesus Christus versteht und sieht, soweit der Autor richtig zu urteilen vermag. Jesus Christus ist für mich einer der großen Gottessöhne, der einen Auftrag Gottes zu erfüllen hatte. Er hatte sich nach meiner Auffassung als Sohn und Bote, als Träger und Übermittler des *Wortes*, des Heiligen Geistes und der lebendigen Kraft Gottes erkannt. Er hatte den Menschen seiner Zeit einen praktischen Weg gewiesen zu sich selbst und zu Gott. Dieser Weg scheint mir identisch zu sein mit dem Weg der Religio, wie sie vor und nach ihm von anderen Gottessöhnen und von Mystikern aus aller Herren Länder überliefert wurden. Das Angebot Gottes, daß der Mensch als Krone seiner Schöpfung zu ihm zurückfinden kann, scheint mir zeitlos zu sein. Der Weg zurück zu Gott, der Weg ins Licht, zum *Wort*, ins ewige Leben, scheint mir ebenfalls zeitlos zu sein. Bitten wir um unser Erbe.

Ein neues Gebot gebe ich euch:
Daß ihr euch untereinander liebt, wie ich euch geliebt habe,
damit auch ihr einander lieb habt.
Daran wird jedermann erkennen, daß ihr meine Jünger seid:
daß ihr Liebe untereinander habt.

Jesus Christus, Joh 13,34-35

Ist es nicht an der Zeit,
eine Großallianz der messianischen Hoffnung zu gründen,
um gemeinsam, in Tat und Gebet,
an der Verbesserung dieser Welt mitzuarbeiten?

Pinchas Lapide, Paulus zwischen Damaskus und Qumran

Fragst du, was Gott mehr liebt: ihm wirken oder ruhn?
Ich sage, daß der Mensch wie Gott soll beides tun.

Angelus Silesius, Der Cherubinische Wandersmann

Satt darf ich werden, wenn deine Herrlichkeit erscheint.
Dann wird der wahre und ewige Tag anbrechen, wenn die
Schatten der Rätsel, die uns noch vor Augen stehen,
fallen werden. Solcher Schatten gibt es viele:
Schatten, die täuschen, Schatten, die erfrischen,
Schatten, die Bilder und Gleichnisse sind.
Im Schatten der Täuschung schläft die Schlange;
im Schatten der Erfrischung schläft die Braut;
im Schatten des Bildes verbirgt sich der Bräutigam.
Vom Schatten der Täuschung heißt es: Sie schläft im Schatten;
vom Schatten der Erfrischung: Im Schatten dessen, nach dem
ich mich sehnte, habe ich gesessen; vom Schatten des Bildes:
Die Weisheit ist im Geheimnis verborgen.
Alle diese Schatten werden fallen, wenn der Tag anbricht:
der Schatten der Täuschung, der Schatten des Glaubens,
der Schatten des Geheimnisses.
Dann wird es keinen Schatten mehr geben,
denn die Wahrheit wird unverhüllt offenbar sein.

Gilbert, Hoheliedpredigt, aus: Ein Lied, das nur die Liebe lehrt.

Texte der frühen Zisterzienser-Mönche

Begegne jedem Menschen als dein eigen,
Und laß deine Liebe frei fließen,
Wohin auch immer du gehst

Darshan Singh, *Eine Träne und ein Stern*

Was der Mensch liebt, das ist der Mensch.
Das ist so zu verstehen:
Liebt er einen Stein, so ist er ein Stein.
Liebt er einen Menschen, nun, so ist er ein Mensch.
Minnet er Gott – nun wage ich nicht, weiterzusprechen;
denn sage ich: daß der Mensch dann Gott ist,
so könntet ihr mich steinigen wollen.

Meister Eckehart, *Vom Wunder der Seele*

Er ist das Wort . . .
Er ist das Wort. Und läßt sich doch nicht sagen.
Er ist in tiefster Dunkelheit das Licht.
Wir stehn in seinem Glanz. Jedoch geschlagen von Blindheit,
bangen wir und – sehn ihn nicht.

Wir suchen ihn auf namenlosen Wegen.
Wir flehn, er möge zeigen, daß er sei.
Und immer wieder kommt er uns entgegen,
und unerkannt geht er an uns vorbei.

Wir glauben ihm, selbst wenn uns Zweifel brennen.
Er ist der Schwerpunkt dieser großen Welt,
die sein Gesetz so ganz umschlossen hält.

Und spät, sehr spät erst lernen wir erkennen,
daß er, der Ferne, ganz unwandelbar von
Anbeginn in unserm Herzen war.

Wolfgang Federau, *Te Deum, Sonette*

Aber ich bin nicht allein, denn der Vater ist bei mir.
Solches habe ich mit euch geredet,
daß ihr in mir Frieden habt.
In der Welt habt ihr Angst; aber seid getrost:
ich habe die Welt überwunden.

Jesus Christus, Joh 16,33

Das vornehmste Gebot ist das:
Du sollst Gott, deinen Herrn, lieben von ganzem Herzen,
von ganzer Seele, von ganzem Gemüt
und von allen deinen Kräften.
Das andere ist dies:
Du sollst deinen Nächsten lieben wie dich selbst.

Jesus Christus, Mk 12,29-31

Der Geist weht, wo Er will und wie Er will.
In meines Vaters Haus sind viele Wohnungen.
Eine Schöpfung – eine Menschheit – ein Gott.